Herzhafte
Gaumenfreuden!

Herzhafte

Gaumenfreuden!

Leibspeisen aus dem Dreiländereck
BAYERN | BÖHMEN | ÖSTERREICH

von
Karl-Heinz Paulus und Helga Rohmann

Verlag fuchsUNDfuchs

Impressum:

Sämtliche Speisen und Gerichte wurden von Helga Rohmann zubereitet
Alle Fotos von Karl-Heinz Paulus
Koch-Cartoon auf Seite 168 von Karl-Heinz Paulus
Karikatur auf Seite 169 von Heinz G. L. Schütze (†)

Grafik/Layout: Christine Fuchs
Gedruckt in Deutschland

ISBN 978-3-943472-00-4

Helga Rohmann

Jg. 47, gebürtige Passauerin, langjährige Chefsekretärin im Kulturreferat ihrer Heimatstadt, lebt in Falkenbach bei Freyung im Bayerischen Wald. Erste Gehversuche im Kochen noch zuhause als junges Mädchen, als sie im wöchentlichen Wechsel mit ihrer Schwester sonntags Schweinsbraten, Brathendl (auch die renommierte österreichische Spitzenköchin Lisl Bacher fing einst mit Brathendln an!) oder Schnitzel zubereiten musste. Später standen – durch die Ehe mit einem Förster – die Produkte der Jagd bzw. des Waldes im Vordergrund. Von Anfang an favorisierte sie die traditionelle Küche aus der Region. Sie ist eine ausgewiesene Kennerin der heimischen Produktpalette und verfügt über eine ausgesprochen „feine Nase" für Düfte und andere Wohlgerüche. Durch ihre in all den Jahren erworbenen fundierten Kenntnisse konnte sie sich einen breitgefächerten praktischen Erfahrungsschatz ansammeln. Sie hat ihr „Küchenherz" am rechten Fleck und ist eine begeisterte Köchin, die altbewährte Kochkünste aus voller Überzeugung in Ehren hält und es aber zugleich versteht, diese klassischen Gerichte in unsere Zeit mit individueller Geschmacksnote zu übersetzen. In ihrer Kochphilosophie favorisiert sie die regional betonte Küche à la Saison, denn die ist nach ihrer Überzeugung ausnehmend herzhaft sowie obendrein sehr bekömmlich und gesund. Sie kann in ihrer Begeisterung für kreatives Kochen keine Kluft zwischen Hausmannskost und Gourmetküche ausmachen, denn beides steht gleichberechtigt nebeneinander, wenn es Qualität hat. Kochen mit Spitzenqualität ist ihr eine Herzensangelegenheit.

Karl-Heinz Paulus

Jg. 44, gebürtiger Passauer, langjähriger Geschäftsleitender Beamter einer Kreisverwaltungsbehörde sowie Referententätigkeit bei drei Landräten, Gründer bzw. Initiator einer landkreiseigenen Kunstsammlung, Buchautor und Fotograf auf kulturellem Sektor, lebt in Falkenbach bei Freyung im Bayerischen Wald.

Karl-Heinz Paulus ist leidenschaftlicher Genießer von Kunst und Kultur, wozu er vor allem auch lukullische Genüsse gezählt haben will. Sie sind ihm eine wesentliche Bereicherung an Lebensfreude. Es ist daher keineswegs verwunderlich, dass auch die Food-Fotografie seit Jahren wesentlicher Bestandteil seines lichtbildnerischen Metiers ist. Aber auch bei dieser Spezies legt er wert auf Naturfotografie und lehnt gestylte, das heißt, gefärbte, bemalte und damit unnatürlich aufgepeppte Gerichte als Fotoobjekt konsequent ab. Seine Devise: Ein perfekt zubereiteter lukullischer Genuss ist auch ein Augenschmaus und demzufolge auch jederzeit fotografisch wirklichkeitsgetreu in Szene zu setzen. Er befasst sich sehr intensiv mit der Beschaffung absolut frischer Produkte und übernimmt bei gemeinsamen Veröffentlichungen deren Beschreibung und zwar in einer Art und Weise, dass einem schon bei der Produktvorstellung „das Wasser im Munde zusammenläuft". Karl-Heinz Paulus ist mit der Küche Bayerns, Böhmens und Österreichs von Kindheit an bestens vertraut, nachdem seine Mutter aus dem Innviertel und sein Vater aus dem Böhmerwald stammen und er in Passau aufgewachsen ist. Die vielseitigen, qualitätvollen klassischen Gerichte dieser drei Landschaften, die einen Kulturraum bilden, bestimmten sowohl den Speiseplan im Haushalt der Eltern und Großeltern als auch den in der eigenen Familie.

Helga Rohmann und Karl-Heinz Paulus veröffentlichen seit einem Jahrzehnt regelmäßig gemeinsam Kochrezepte in der Zeitschrift „Schöner Bayerischer Wald".

Inhalt

Suppen

Hauptgerichte

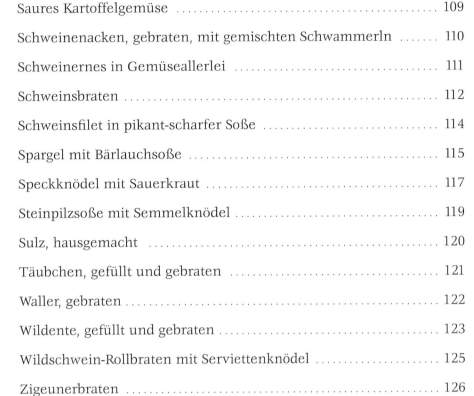

Mehl- und Süßspeisen

Mengenangaben jeweils für 4 Personen, falls nicht anders angegeben.

Kochen ist eine Herzensangelegenheit!

„Es gibt niemanden, der nicht isst und trinkt, aber nur wenige, die den Geschmack zu schätzen wissen", übte schon Konfuzius Kritik am Essverhalten seiner Zeitgenossen. Und kein Geringerer als Johann Wolfgang von Goethe war überzeugt: „Den Geschmack kann man nicht am Mittelgut bilden, sondern nur am Allervorzüglichsten". Der Geheimrat war ein ausgewiesener Genießer und zwar auf der ganzen Linie, denn von ihm stammt ja der Spruch: „Wer nicht trinkt und wer nicht küsst, der ist so gut wie tot!"

„Der Mensch ist, was er isst..."
schrieb Ludwig Feuerbach in seiner Anzeige von Moleschotts „Lehre der Nahrungsmittel für das Volk" im Jahre 1850, wobei ihm Brillat-Savarins Aphorismus: „Dismoi ce que tu manges, je te dirai ce que tu es – Sage mir, was du isst, und ich sage dir, was du bist" aus der Einleitung seiner „Physiologie des Geschmacks" (1825) vorgeschwebt haben mag.
Und Oscar Wilde war ausnehmend geschmackssicher: „Ich habe einen ganz einfachen Geschmack. Ich bin immer mit dem Besten zufrieden." Diese lebensphilosophische Maxime deckt sich mit der Erkenntnis von Jacques Chardonne: „Lebenskünstler nehmen von allem ein wenig, aber immer nur das Beste".

Um bei einem Mahl das Beste nehmen zu können, braucht es bei dessen Vor- und Zubereitung erst einmal Qualität. Und zwar bei der Materialbeschaffung bzw. -auswahl ebenso wie bei der Aufbereitung und geschmacklichen Veredelung durch die Köchin oder den Koch. „Das Kochen ist schon in kleinen Anfängen eine Kunst, auf die jede Hausfrau ihr bestes Können verwenden muss", schreibt die Hauswirtschaftslehrerin E. Henneking in ihrer Einleitung des Dr. Oetkers Schulkochbuch (Ausgabe „C"), das nach dem Krieg in Bielefeld verlegt wurde. Wir können da der versierten Kochbuchautorin nur beipflichten. Ein guter Koch oder eine gute Köchin wird man nicht etwa „im Handumdrehen", wie beispielsweise Alfons Schuhbeck in seiner aktuellen „Kochschule" in wohl nicht ganz ernstzunehmender Weise Mut zu machen versucht. Es reicht beileibe auch nicht, wenn der Funke der Begeisterung für das Metier des Kochens überspringt. Erfahrung sammeln, ist unabdingbar.

Kochen ist vor allem eine Herzensangelegenheit. Uns macht es ungemein Spaß, herzhaft zu kochen und zwar unter ausschließlicher Verwendung frischer Produkte aus der Region. Wir stellen unseren Speiseplan à la Saison zusammen und veredeln unsere wertvollen Zutaten absolut ernte- bzw. fang- und schlachtfrisch auf der Basis traditioneller Erfahrung, wobei wir die jeweiligen Gerichte aufgrund aktueller Erkenntnisse, mit Respekt vor dem Eigengeschmack, verfeinern.

Qualität ist alles! Dies gilt für die Produktauswahl ebenso wie für die sorgfältige Verarbeitung. Die mangelnde Sorgfalt bei der Auswahl des Materials ist eine der hauptsächlichsten Sünden beim Kochen. Dazu gesellen sich nicht selten Fehler, wie das Außerachtlassen der Jahreszeiten bei der Materialbeschaffung, Zeitmangel bei Planung und Vorbereitung oder spezielle Mängel wie viel zu langes Durchgaren, falsches Timing beim Würzen (laugt geschmacklich vorzeitig aus!) oder die Verwendung von ungeeigneten Küchengerätschaften (beim Kauf z.B. von Messern und Pfannen darf man nicht sparen!). Kommt dann bei Köchin oder Koch noch Ungeduld auf, dann ist das für das Ergebnis tödlich.

Will man etwas Optimales auf den Teller bringen, muss man zuallererst mit Liebe zu Werke gehen. Und Liebe ist unbestritten eine Herzensangelegenheit. Den besten Start hat man demnach – wenn man eine Gaumenfreude zaubern möchte – wenn man Herzenslust verspürt. Eckart Witzigmann, der zur Weltspitze seiner Zunft gehört und die Michelin-Sterne nach Deutschland holte, nennt es Leidenschaft. Obwohl er ohne Zweifel einer ist, kann er mit dem Begriff „Starkoch" nicht viel anfangen. „Das Produkt ist der Star", lautet sein Küchencredo.

Ehe allerdings „das Produkt zum Star wird", erfordert es von der Köchin oder dem Koch volle Hingabe. Sie beginnt mit der Festlegung der Speisenfolge sowie der Beschaffung bzw. Auswahl der Zutaten. Richtschnur soll dabei sein, dass jede Jahreszeit ihre lukullischen Höhepunkte hat. Damit man diese voll genießen kann, ist Produktfrische mit oberstes Gebot. Dabei muss man sich bewusst sein, welche Fülle der „Garten Gottes", allen voran die ursprüngliche Natur, an ungeahnten Schätzen in Wald und Feld, im Obst- und Gemüsegarten, in Bach und Fluss bietet. Die Liebe zur Natur und möglichst im Einklang mit ihr zu leben, ist eine optimale Voraussetzung für eine gute und vor allem bekömmliche und damit gesunde Küche.

Die besten Naturprodukte sind jene, die Zeit zum natürlichen Wachsen sowie zur Erlangung der Vollreife hatten. Erntefrisch sollen sie sein. Reifes Gemüse und reife Früchte vertragen keine langen Transporte. Bevorzugen Sie daher Erzeugnisse aus Ihrer Region. Falls Sie bei der Ernte selbst dabei sein können, ist das immer wieder ein Erlebnis, das die Begeisterung beflügelt.

Frisches, knackiges Gemüse, duftende Kräuter, sonnengereifte Früchte (wobei Wildfrüchte das auserlesenste Aroma auszeichnet!) oder Frischfleisch und Eier vom Bauern bzw. aus dessen Hofladen, vom Wochenmarkt oder auch vom Landmetzger, bieten die beste Gewähr für einen qualitätvollen Gaumenschmaus. Produkte aus natürlicher und naturverträglicher Wirtschaftsweise sowie aus artgerechter Tierhaltung garantieren einen Hochgenuss.

Wer Wildkräuter und Wildfrüchte selbst sammelt, kann seinen Speisezettel ungemein bereichern. Das fängt an bei den Kräutern mit ihrer Würze und Heilkraft und reicht über Wildgemüse (beispielsweise Bärlauch, zarte Löwenzahnblätter oder Brunnenkresse) und Wildfrüchte (Wildkirschen, Waldhimbeeren, Heidelbeeren, Brombeeren, Walderdbeeren oder Schlehen) bis zu der natürlichen Futtergrundlage der Tiere (die Kühe, die auf einer Wiese am Waldrand weiden, konsumieren die „Medikamente" bzw. die Naturheilmittel gleich mit – das macht sich selbstverständlich in der Fleischqualität in aller Deutlichkeit bemerkbar!). Darum unterscheidet sich die Fleischqualität von freilebendem Wild und dem, das im Gehege gehalten wird, an Würze und Geschmack.

Die Meisterköchin Sissy Sonnleitner vom „Restaurant Kellerwand" in Mauthen – am Ende des Gailtales in Kärnten – hat ihre Kochphilosophie einmal so ausgedrückt: „Die Seele des Feinschmeckers berührt nur, wer die Einfachheit der Natur als Kunst begriffen hat". Ein sehr gescheiter Satz, der Lebensklugheit verrät und er ist ganz sicher die beste Richtschnur für eine ebenso ehrliche wie erfolgreiche Küche, an der Schöpfer und Genießer gleichermaßen ihre Freude haben. Es ist schon so: Bei einem Essen, das eine lukullische Gaumenfreude sein soll, spielt die Harmonie zwischen Leib und Seele eine bedeutende Rolle. Da liegt eben der

Unterschied zwischen individueller herzhafter Kochkunst und dem Fastfood, bei dem es in erster Linie um's Hinunterschlingen und Sattwerden geht. Stillosigkeit und fehlende Atmosphäre sind für einen Gourmet die beste „Abmagerungskur"! Da kommen weder Hunger noch Essenslust auf!

Liebe geht durch den Magen... Sie hängt jedoch nicht davon ab. Aber sie intensiviert ohne Zweifel lustvoll die Begeisterung in einer Zweisamkeit. Und dies in ganz ausgeprägter Weise natürlich dann, wenn beide ein besonderes Faible dafür haben.

Essen hat im Leben kultivierter Menschen von je her eine besondere Bedeutung im Tagesablauf, ja im ganzen Jahreskreis mit den traditionellen Festtagen. Da sind die Vorfreude, der Appetit, die Genussfreude, die Ess- und Naschlust, der angenehme Nachhall... und daran kann man ermessen, welcher Stellenwert dem lukullischen Genuss bei den echten Lebensfreuden zukommt. „Es ist eine Kunst zu genießen. Diese zu pflegen, sei unser Ziel", hat uns die österreichische Spitzenköchin Lisl Wagner-Bacher aus Mautern in der Wachau in ihr neuestes Kochbuch „Jedes Mahl ein Genuß" geschrieben. Das sollte das ehrgeizige Motto eines jeden engagierten Koches bzw. einer jeden leidenschaftlichen Köchin sein.

Diesen „Genuss eines jeden Mahles" bringt man nur zustande, wenn man über ausreichende Kenntnis der Produkte, die man verwendet, verfügt. Vor allem auch, was den schonenden Umgang und die Bewahrung des Eigengeschmacks sowie den Zusammenklang in der Geschmacksharmonie anbetrifft. Das ist schon die „halbe Miete" einer anspruchsvollen Küche. Die einzelnen Geschmacksvariationen zu lukullischer, wohl abgestimmter Harmonie zu komponieren, macht die eigentliche Kunst versierter Kochleidenschaft aus. Den größten Erfolg hat man dabei nach unserer langjährigen Erfahrung, wenn man Qualität mit Tradition sowie Abwandlungsnuancen, die auf fundierter Erfahrung beruhen, kombiniert und mit Sorgfalt und Gefühl sowie mit Begeisterung und Freude an's Werk geht.

Unsere Küche ist absolut echt. Sie baut auf der Küchentradition Bayerns – mit Einflüssen aus Österreich und Böhmen – auf. Unser Speiseplan orientiert sich vorrangig an der jeweiligen Jahreszeit. Dabei machen wir uns die unbezahlbare Erfahrung versierter Köchinnen (im vorigen Jahrhundert war das Kochen unbestritten eine Domäne der Frauen!) zunutze. Eine unserer Großtanten aus dem Innviertel war eine Kochkünstlerin. Gottlob haben wir ihr in feinsäuberlicher Handschrift geführtes Kochbuch, das sie im Jahre 1907 anlegte, geerbt. Diese Rezeptsammlung ist geradezu ein Schatz kulinarischer Kostbarkeiten. Die Küche, die damals in Oberösterreich, Bayern und Böhmen gepflegt wurde, war überraschend international (die Tomaten bezeichnete man beispielsweise als „Paradeiser" und den Blumenkohl als „Karfiol"!), ohne Schnickschnack und in ihrer geschmacklichen Feinheit nachweislich auf hohem Niveau. Unsere Großtante könnte heute in einem Gourmet-Restaurant als Küchenchefin fungieren, das sich wegen der gebotenen Köstlichkeiten, die heute nur noch wenige in diesem Variantenreichtum und in dieser Qualität herzustellen vermögen, über mangelnden Zuspruch sicher nicht beklagen könnte.

Von den Arbeitsgängen her, war diese Küche sehr aufwändig. Denken wir allein an die Strudelvariationen. Aber sie war vor allem echt und man schmeckte es an den Speisen auf Anhieb, dass sie mit Herz und Leidenschaft zubereitet wurden. Die Materialwahl war vorrangig eine Angelegenheit der Küchenchefin. Sie pflegte die Kontakte zu den Lieferanten selbst, bestellte mit Bedacht, wählte mit Sorgfalt aus, verkostete höchstpersönlich und es bestand ein über Jahre gewachsenes Vertrauensverhältnis zwischen Lieferant und Verwerter. Es wurde nichts tagelang herumtransportiert oder – wie heute – tiefgefroren. Geliefert wurde, sowohl vom Metzger als auch vom Kartoffel-, Obst- oder Gemüsebauern stets frisch. Und nicht selten sammelte die Großtante mit dem Küchenpersonal selbst kostbare Waldfrüchte wie Walderdbeeren, Heidelbeeren, Himbeeren oder Brombeeren. Pilze lieferten regelmäßig passionierte Sammler. Auch Wildkirschen, die meist in hohem Geäst schwer und nicht ganz ungefährlich zu pflücken waren. Das Markenzeichen dieser Landesküche war die absolute Frische des zu verarbeitenden bzw. zu veredelnden Materials und dass man penibel darauf achtete, dass der charakteristische Eigengeschmack der einzelnen Zutaten nicht verloren ging. Dieses Prinzip wird beispielsweise gerade auch in der toskanischen Küche beherzigt. Es zeichnet im Übrigen eine solide und schmackhafte Küche aus.

Die Rezepturen traditionsreicher Kochkunst sind geradlinig, ehrlich und verhältnismäßig einfach, das heißt, unverfälscht. Ansonsten zählt die Erfahrung, die man weitervermittelt bekommen hat, die man aber zu einem ganz wesentlichen Teil selber machen muss. Und die beste Küche ist unbestritten immer

die, bei der vor allem das Herz dabei ist. Damit erzielt man regelmäßig die besten Resultate!

Unsere Kochphilosophie und unsere Begeisterung für lukullische Genüsse basiert auf diesem allzeit gültigen Grundprinzip. Wir wählen unser Material sehr bewusst und mit großer Sorgfalt aus. Wir sind gerne im Bilde, wo die Nahrungsmittel herkommen und wir wissen Qualität aus der Nahversorgung wahrlich zu schätzen. Wenn's ums Gemüse geht, ist uns der Bezug direkt aus dem Bauerngarten einer uns gut bekannten Bäuerin am allerliebsten. Es ist eine Freude, wenn man einem frisch abgeschnittenen Salatkopf „auf's Herz" drückt, wenn er aufgrund seines natürlichen Wachstums in seiner Kompaktheit „Widerstand" leistet. Diese „Vorfreuden-Orgie" mit den typischen Gerüchen und Düften macht so richtig Lust auf's Kochen. Ob's um eine frischgeerntete Salatgurke, um Tomaten, Zwiebeln, Knoblauch oder „nur" um Schnittlauch und Petersilie geht. Und dann sind da noch die diversen Kräuter (Majoran, Liebstöckl, Dill, Zitronenmelisse, Rosmarin, Salbei, Thymian, Koreander, Basilikum, Beinwell, Bohnenkraut oder Bärlauch), die für eine schmackhafte Küche mit Niveau unverzichtbar sind.

Der Speiseplan durch das Jahr orientiert sich bei uns grundsätzlich daran, was man zur jeweiligen Saison frisch bekommen kann. Kochen à la Saison war früher eine Selbstverständlichkeit. Es gab weder Flug- noch Fernverkehr, die exotische Früchte oder Gemüse zu jeder Jahreszeit anliefern hätten können. Der Köchin oder dem Koch stand lediglich das zur Verfügung, was der häusliche Garten oder der heimische Markt anbot. Alles wurde auf dem kürzesten Weg beschafft und war so am frischesten. Mit großer Vorliebe sammeln wir handverlesen in Wald und Feld, auf der Wiese und im Garten. Wir lassen nichts „einfliegen" und Exotisches spielt auf unserem Küchenzettel eine weitgehend untergeordnete Rolle.

In unserer Küche pflegen wir Rezepte, die unsere Vorfahren entwickelt und über Generationen weitervermittelt haben. Darin steckt ein immenses Erfahrungspotential. So eine bewährte Küche ist ein Schatz an Lebenskultur. Und den wollen wir mit Respekt hüten, pflegen, qualitäts- und gesundheitsbewusst verfeinern und durch so manche Raffinesse der neuzeitlichen Kochkunst „veredeln" sowie an alle, die bodenständige, regionale lukullische Genüsse, die beim „Kochen mit Herz" wohl am besten gelingen, zu schätzen wissen, mittels ausgewählter Rezeptvorschläge weitergeben. Mit ein Anliegen ist es uns dabei, Mut zu machen, sich wieder an aufwändigere Zubereitungen heranzuwagen. Diese sollen ja als bedeutsames lebenskulturelles Gut keinesfalls verloren gehen. Wenn einem die Gerichte gelingen, bieten sie einen auserlesenen Hochgenuss an Lebensfreude, der Augen wie Nase und Zunge wie Gaumen gleichermaßen erfreut.

Wir sind begeisterte Genießer selbst und individuell zubereiteter Tafelfreuden im Jahreskreis. Es macht uns ausnehmend Spaß, im Segment regionaler Küche Zubereitungskriterien zu pflegen, die hinsichtlich Geschmackstypik und -variantenreichtum keine Wünsche offen lassen. Wenn man als Koch oder Köchin mit Enthusiasmus und Liebe, vor allem aber mit dem Herzen bei der Sache ist, kommt das Beste dabei heraus. Man kann sich damit in reichem Maße und auf beglückende Art und Weise selbst beschenken und so manchem Gast ein erfreuliches Erlebnis bieten.

Kochen Sie nie unter Stress, sondern stets aus Lust und Gusto. Schon die Beschaffung des Materials bzw. der Zutaten soll Ihnen immer ein erbauliches Erlebnis sein, ob beim Einkauf von frischem Fleisch, Fisch oder Gemüse oder – was ganz naturgemäß einen besonderen Reiz bietet – beim Selbersammeln von Pilzen, Wildfrüchten oder Wildkräutern, die einen Speiseplan außergewöhnlich bereichern können. Gerade das Pilzesammeln kann zu einer besonderen Leidenschaft werden. Selbstgefundene frische Steinpilze in feinem Olivenöl, unter Beigabe von Petersilie in der Pfanne behutsam braten, das ist ein sommerliches oder herbstliches Vergnügen, das einem so richtige Glücksmomente vermittelt. Es müssen jedoch keineswegs immer Herrenpilze sein. Die weitaus rareren Milchbrätlinge in gleicher Zubereitung sind mit ihrem nussigen Geschmack in der Tat ein noch fast größerer kulinarischer Höhepunkt. Oder die Kappe eines erntefrischen Parasols, wie ein Schnitzel paniert und gebraten, das sind Gourmet-Klassiker die – ohne großen Aufwand – einen Werktag zu einem Festtag werden lassen können.

Man muss sich nur auskennen im „Garten Gottes". Dann schätzt man diese Kostbarkeiten ungemein. Denkt man nur an den intensiven süßzartherben Geschmack einer Wildkirsche. Freilich ist es sehr mühsam, sie zu ernten. Aber das Genusserlebnis ist einzigartig, sowohl etwa bei einem Wildkirschauflauf oder auch als Natureinlage in einem Stamperl Kirschschnaps. Ja, es ist schon so: Mutter Natur bietet ein ganzes Füllhorn von auserlesenen Schätzen. Man muss sie nur kennen und aufspüren. Außerdem steht außer Zweifel: Eine möglichst natürliche und vielseitige Ernährung ist die beste Vorsorge, um gesund zu bleiben.

Die Gesellschaft für Ernährungsmedizin und Diätetik e.V. in Aachen warnt aufgrund des Ergebnisses einer aktuellen Untersuchung: Fehlernährung ist der Tod unseres Gesundheitssystems. Die Kosten, die in Deutschland die Fehlernährung verursacht, schätzt der Präsident der Gesellschaft, Prof. Rudolf Schmitz, auf mindestens 75 Milliarden Euro.

Nicht unwesentlichen Einfluss auf eine gesunde Ernährung haben letztlich die richtigen Produkte zum richtigen Zeitpunkt. Es geht also um die jahreszeitbezogene Ernährung. In einem bayerischen Kochbuch, das vor mehr als 200 Jahren in München, Passau und Regensburg bei J. M. Daisenberger erschienen ist, sind sowohl die Fleischspeisen als auch die Fastenspeisen (Mehlspeisen) für die einzelnen Jahreszeiten aufgeführt. Die erste Kochbuchautorin in Deutschland, Anna Wecker, widmete in ihrem 1597 in Augsburg erschienenen Werk „Ein köstlich new Kochbuch" den die Gesundheit fördernden Lebensmitteln ein eigenes Kapitel.

Man kann es nicht oft genug betonen: Gute Küche soll in erster Linie ein Naturgenuss sein. Die Materialien und Grundstoffe sollen aus einem naturnahen Umfeld kommen, ob es sich nun um tierische oder pflanzliche Produkte handelt. Das heißt, alles, was Sie in Ihrer Küche verarbeiten wollen, soll natürlich entstanden und in ebensolchen Verhältnissen gewachsen sein. Das muss die solide Basis einer klassischen, regional ausgelegten Küche sein. Dann hat sie Stil und Qualität. Und das ist die grundlegende Intention unserer Küche, die wir vor dem Aussterben bewahren und aus der wir unsere langjährigen praktischen Erfahrungen weitervermitteln wollen. Unsere in diesem Buch angebotenen Rezeptvorschläge sind auf solide traditionelle Art, mit größtmöglichem Respekt vor dem Produkt erarbeitet und die von uns zubereiteten Gerichte sind vielfach erfolgreich erprobt und verfeinert worden, so dass wir einen perfekten Hochgenuss garantieren können.

Unsere Devise heißt: „Kochen mit Herz", denn herzhaft muss es schmecken und Ihnen soll beim Genuss der Ergebnisse unserer Rezeptempfehlungen das „Herz übergehen"... so exzellent sollen sie Ihnen munden. Sich an vorzüglichen lukullischen Genüssen goutieren zu können, ist intensiv ausgekostete Lebensfreude, vergleichbar in etwa mit Erlebnissen der Liebe, die das Herz berühren,... getreu der erfreulichen Ermunterung in der Bibel: „Labe Dich an den Köstlichkeiten des Lebens"!

Karl-Heinz Paulus & Helga Rohmann

Suppen

Bärlauchsuppe

200 g frischer Bärlauch

1 EL Öl

1 Zwiebel

1 Gelbe Rübe

1 Kartoffel

100 ml trockener Weißwein

1 l Gemüsebrühe

Crème fraîche oder Sahne

Salz, Pfeffer

Den Bärlauch waschen, Stiele entfernen und zum Trocknen auf Küchenpapier auslegen. Einige Blätter fein hacken und zum Garnieren der Suppe beiseite legen. Die Zwiebel klein und den Bärlauch grob schneiden und zusammen in Öl andünsten. Die Gelbe Rübe und die Kartoffel würfeln und dazugeben. Mit Weißwein ablöschen und etwas einköcheln lassen. Die Gemüsebrühe aufgießen, kurz aufkochen und auf kleiner Stufe 15 bis 20 Minuten garen. Die Zutaten mit dem Zauberstab pürieren, mit Salz und Pfeffer abschmecken und mit einem EL Crème fraîche oder 2 bis 3 EL Sahne verfeinern. Vor dem Servieren die gehackten Blätter über die Suppe streuen.

Blumenkohl(Karfiol-)suppe

1 Blumenkohl (ca. 500 g)

1 Zwiebel

30 g Butter

20 g Mehl

⅛ l Weißwein

1 l Brühe

⅛ l Milch

3 EL Sahne

100 g Frischkäse mit Kräutern

1 TL Petersilie

Pfeffer, Salz, Muskat

Den Blumenkohl unter fließendem Wasser waschen. Einen Topf mit leicht gesalzenem Wasser zum Kochen bringen. Den Blumenkohl mit dem Stumpf nach oben hineinlegen und 20 Minuten leicht köcheln lassen (der Blumenkohl soll zur Gänze mit Wasser bedeckt sein). Den Blumenkohl herausnehmen, abkühlen lassen und in kleine Röschen teilen. Einige davon beiseite legen. Vom Blumenkohlwasser 1 l entnehmen und mit 1 TL gekörnter Brühe geschmacklich verstärken. In einem Topf die Butter erhitzen, die in Würfel geschnittene Zwiebel darin andünsten. Mit Mehl bestäuben und dabei mit einem Schneebesen fest rühren, damit keine Klumpen entstehen. Die Mehlschwitze mit Weißwein ablöschen, den Frischkäse unterrühren und mit der Blumenkohlbrühe sowie der Milch und der Sahne aufgießen. Die Suppe mit dem Zauberstab pürieren und mit Salz, Pfeffer und Muskat abschmecken. Die restlichen Röschen hineinlegen und vor dem Servieren mit Petersilie bestreuen.

Broccolisuppe

500 g Broccoli
1 EL Butter
1 Zwiebel
1 Knoblauchzehe
1 l Brühe
2 EL Crème fraîche
Salz
Pfeffer
Muskat

Die Zwiebel und den Knoblauch schälen und klein schneiden. Den Broccoli waschen und in Röschen teilen. Die Stiele schälen und würfeln. Die Butter in einem Topf erhitzen und die Zwiebel mit dem Knoblauch darin andünsten. Den Broccoli dazugeben und kurz mitdünsten. Mit der Brühe ablöschen und ca. 20 Minuten – zugedeckt – leicht köcheln lassen. Einige Röschen zum garnieren beiseite legen.
Mit dem Zauberstab pürieren, die Crème fraîche einrühren und mit Salz, Pfeffer und – je nach Gusto – mit etwas Muskat abschmecken.
Mit Broccoli und geraspelten Gelben Rüben garnieren und mit gerösteten Weißbrotwürfeln servieren.

Butter- und Spinatnockerl in Rindsuppe

150 g Butter

3 Eier

250 g Mehl

Salz

100 g Spinat

Suppe – wie im Rezept „Rindsuppe" oder „Gemüsesuppe" angegeben!

Die weiche Butter mit etwas Salz mit dem Handquirl schaumig rühren. Nach und nach die drei Eier und zum Schluss das Mehl dazugeben. Den Teig in zwei Teile trennen. Den Blattspinat waschen, die Stiele abschneiden und in Salzwasser 2 Minuten blanchieren, abseihen, fest ausdrücken, klein hacken und mit der Teigmasse vermengen (tiefgefrorenen Spinat auftauen lassen und fest auspressen). Mit einem Esslöffel Nockerl formen, in leicht gesalzenes, kochendes Wasser legen und bei kleiner Hitze – halb zugedeckt – 10 Minuten ziehen lassen.

Fleischstrudelsuppe

Für den Strudelteig:

250 g Mehl

1 Ei

1 TL Essig

20 g flüssige Butter

ca. 200 ml leicht
gesalzenes,
lauwarmes Wasser

**Für die
Hackfleischfüllung:**

500 g gemischtes
Hackfleisch

1 Zwiebel

2 Eier

2-3 EL Semmelbrösel

1 TL Majoran,
getrocknet

½ TL Thymian,
getrocknet

Salz

Pfeffer

Petersilie

Zum Backen:

1 Eidotter

1 TL Öl

**Suppe – wie im
Rezept „Rindsuppe"
oder „Gemüsesuppe"
angegeben!**

Die o.g. Zutaten zu einem Teig verarbeiten, in zwei gleich große Stücke teilen und ca. 20 Minuten ruhen lassen.

In der Zwischenzeit das Hackfleisch mit der in kleine Würfel geschnittenen Zwiebel, den Eiern, den Semmelbröseln und sämtlichen Gewürzen zu einer streichfähigen Hackfleischmasse verkneten.

1 Stück von dem zubereiteten Strudelteig auf einem bemehlten Tuch ausziehen, dabei die etwas dickeren Teigränder abschneiden und zur Seite legen. Die Hälfte der Hackfleischmasse dünn auf dem ausgezogenen Teig verteilen, dabei rechts und links und an den beiden Enden etwa 2 cm vom Teig frei lassen. Mit Hilfe des Tuches den Strudel fest zusammenrollen und auf das mit Backpapier ausgelegte Backblech legen. Dabei sollte die offene Nahtstelle nach unten liegen. Den zweiten Strudel auf die gleiche Weise fertig stellen. 1 Eidotter mit 1 TL Öl gut verrühren und beide Strudel damit bestreichen.

Den Backofen mit Ober/Unterhitze auf 200°C vorheizen und den Strudel 35 bis 40 Minuten backen.

Als Suppeneinlage – wie wir sie servieren – reicht ein Strudel. Den zweiten kann man gut einfrieren. Als Hauptgericht – ohne Suppe – (mit einer Schüssel Salat als Beigabe) ist er für vier Personen gedacht.

Gelbe Rüben-Suppe

500 g Gelbe Rüben

1 Kartoffel

1 Knoblauchzehe

1 Zwiebel

⅛ l Weißwein

¾ l Brühe

20 g Butter

1 TL Curry

Salz

Pfeffer

Frühlingszwieberl

Schnittlauch

3 EL Sahne

Die Butter im Topf erhitzen. Die Zwiebel und den Knoblauch in Würfel schneiden und leicht glasig andünsten. Die in Scheiben geschnittenen Gelben Rüben und die gewürfelte Kartoffel dazugeben und mit dem Wein und der Brühe aufgießen. 30 Minuten leicht köcheln lassen. Die Suppe mit dem Mixstab pürieren, mit Salz, Pfeffer und Curry abschmecken und mit der Sahne verfeinern. Vor dem Servieren mit Frühlingszwieberln und Schnittlauch garnieren.

Gemüsesuppe

2 Kartoffeln

2 Gelbe Rüben

2 Zwiebeln

2 Porreestangen

½ Sellerieknolle

1 Selleriestange

5 Blätter Liebstöckl (Maggikraut)

Salz

Das Gemüse waschen bzw. schälen und in mittelgroße Stücke schneiden. In einen Topf 1,5 l Wasser geben, salzen und zum Kochen bringen. Das Gemüse dazugeben, einmal aufkochen lassen und abschäumen. Die Temperatur reduzieren und 30 Minuten – zugedeckt – leicht köcheln lassen. Die Suppe durch ein Sieb in eine Schüssel gießen und das Gemüse mit dem Löffelrücken ausdrücken.

Grießnockerlsuppe

60 g Butter

1 Ei

1 Eigelb

125 g Hartweizengrieß

Salz

frisch geriebene Muskatnuss

**Suppe – wie im Rezept „Rindsuppe"
oder „Gemüsesuppe" angegeben!**

Die Butter in eine Schüssel geben und schaumig rühren. Das Ei und das Eigelb dazugeben und nach und nach den Grieß unterrühren. Mit Salz und Muskat würzen und 30 Minuten quellen lassen.

In einem weiten Topf leicht gesalzenes Wasser zum Sieden bringen. Aus der Teigmasse mit einem Teelöffel Nockerl abstechen oder mit der Hand formen und ins Wasser gleiten lassen. Bei geringer Hitze etwa 30 Minuten garen. In Rind- oder Gemüsesuppe servieren.

Hühnersuppe, scharf

40 g Butter
75 g Räucherspeck
4 Tomaten (oder geschälte Tomaten aus der Dose)
40 g Mehl
1 gestrichener Esslöffel Currypulver
etwas Cayennepfeffer
⅛ l Sahne

1 Suppenhuhn
Salz
1 Zwiebel
1 Bund Suppengrün
1 Lorbeerblatt

Hühnersuppe, klar, mit Nudeln

Suppenhuhn mit Salz, Zwiebel, Suppengrün und Lorbeerblatt in so viel kaltem Wasser zusetzen, dass das Huhn ganz bedeckt ist. Bei mäßiger Hitze (ca. 1 ½ Std. je nach Alter der Henne) garen. Fleisch ablösen und in feine Streifen schneiden. Die Suppe abseihen.
Für die klare Suppe Suppennudeln nach Packungsanleitung kochen und in der Hühnerbrühe servieren.

Für die scharfe Hühnersuppe die Tomaten auf der Oberseite kreuzweise einschneiden, 10 Minuten mit der Schnittstelle nach unten in heißes Wasser legen. Wieder herausnehmen und die Haut abziehen. Die geschnittenen Tomaten und den gewürfelten Räucherspeck in heißer Butter schmoren, mit Mehl bestäuben, gut umrühren und mit der Hühnerbrühe aufgießen. 15 Minuten durchkochen, mit Curry und Cayennepfeffer abschmecken, mit der Sahne verfeinern und das Hühnerfleisch wieder dazugeben.

Kaiserschöberl-suppe

60 g Butter

1 Prise Salz

3 Eigelb

3 Eiweiß

2 EL Milch

80 g Mehl

1 EL Petersilie

Suppe – wie im Rezept „Rindsuppe" oder „Gemüsesuppe" angegeben!

Backofen auf 150°C vorheizen.

Für die Kaiserschöberl Butter salzen und mit dem Eigelb schaumig rühren. Milch und Mehl unterrühren. Eiweiß zu festem Schnee schlagen und vorsichtig unterheben. Einen EL Petersilie beigeben. Die Masse mit einem Esslöffel in einer ausgebutterten Schöberlform verteilen und bei 150°C (Umluft) 15 Minuten backen. In klarer Gemüsesuppe servieren und die Schöberl mit rohem Gemüse garnieren.

Kartoffel(Erdäpfel-) suppe, püriert

3 große Kartoffeln (ca. 400 g)
2 Gelbe Rüben
1 Knoblauchzehe
1 Zwiebel
2 EL Butter
1 l warme Brühe
⅛ l Milch
100 g Speckwürfel
1 Frühlingszwieberl

Die Kartoffeln, Gelben Rüben und die Zwiebel schälen und klein würfeln. In einem Topf die Butter erhitzen und die Zwiebeln glasig andünsten. Die Knoblauchzehe durchpressen und kurz mitdünsten. Die Kartoffeln und die Gelben Rüben dazugeben. Mit der Milch und der Brühe aufgießen und 30 Minuten leicht köcheln lassen. Alles mit dem Zauberstab pürieren und mit angerösteten Speckwürfeln und klein geschnittenen Frühlingszwieberln servieren.

Je nach gewünschter Konsistenz der Suppe kann man mehr oder weniger Brühe aufgießen.

Kürbissuppe

1 Hokkaido-Kürbis, mittelgroß
(etwa 700 g)

30 g Butter

1 Zwiebel

1 Knoblauchzehe

1 kleine Stange Porree

etwas geriebenen Ingwer

Curry

Salz

Pfeffer

⅛ l Weißwein

1 ½ l leichte Brühe

⅛ l Sahne

1 EL Kürbiskernöl

Den Kürbis halbieren und mit einem Löffel entkernen. Dann in Würfel und den Porree in Scheiben schneiden und zusammen mit der klein gehackten Zwiebel, dem durchgepressten Knoblauch und dem Ingwer im Butter andünsten. Mit Wein und Brühe aufgießen und mit Curry, Salz und Pfeffer würzen. Das Ganze 30 Minuten köcheln lassen und danach mit dem Zauberstab pürieren. Anschließend die Sahne einrühren und nochmal abschmecken. Mit Kürbiskernöl verzieren.

Leberschöberlsuppe

250 g Rinderleber, durchgedreht

3 alte Semmeln

1 Zwiebel

Petersilie

1 EL Butter

1 Ei

⅛ l Brühe

Majoran

Thymian

1 Msp. abgeriebene, unbehandelte Zitronenschale

Salz

Pfeffer

Suppe – wie im Rezept „Rindsuppe" oder „Gemüsesuppe" angegeben!

3 alte Semmeln in dünne Scheiben schneiden und in eine Schüssel geben. Mit der heißen Brühe übergießen und 15 Minuten einweichen lassen. In der Zwischenzeit die Zwiebel schälen, in kleine Würfel schneiden und die Petersilie fein hacken. In einer kleinen Pfanne die Butter erhitzen und die Zwiebel mit der Petersilie andünsten. Etwas abkühlen lassen. Die Semmelmasse mit dem Ei, der Leber sowie allen Gewürzen vermengen und mit Salz und Pfeffer abschmecken. Die Schöberlform ausbuttern und in jede Vertiefung einen guten Esslöffel von der Brätmasse einfüllen. Den Backofen auf 175°C (Heißluft) vorwärmen und die Schöberl 30 Minuten backen. Die fertigen Schöberl mit Hilfe eines Löffels vorsichtig herausheben und auf einem Kuchengitter auskühlen lassen.

Dieses Rezept ergibt 12 Schöberl. Falls nicht alle serviert werden, lassen sich die restlichen gut einfrieren.

Maronisuppe

Frische Maroni auf der oberen Seite kreuzweise einritzen, auf ein gut befeuchtetes Backblech legen und bei 200°C im Rohr rösten bis sie aufplatzen. Anschließend die Maroni möglichst heiß schälen.

Die Maroni (4 zum Garnieren beiseite legen) klein schneiden und mit der Schalotte in heißer Butter leicht anschwitzen. Mit Weißwein und Sherry ablöschen, die Brühe und Sahne aufgießen und aufkochen. Mit Salz, Pfeffer und Zucker würzen. Das Stück Ingwer dazugeben und ca. 20 Minuten lang köcheln lassen. Den Ingwer herausnehmen, die Suppe mit dem Zauberstab pürieren, durch ein Sieb passieren und bei Bedarf nachwürzen.

Man kann die Maroni auch bereits gekocht und vakuumverpackt im Obstgeschäft kaufen.

300 g geschälte und gekochte Maroni

1 klein gewürfelte Schalotte

50 g Butter

1 walnussgroßes Stück Ingwer, geschält

150 ml herber Weißwein

1 Schuss Sherry

750 ml Gemüsebrühe

200 ml Sahne

Salz, Pfeffer, Zucker

Mehlsupp'n

40 g Butter

3-4 EL Mehl

1 ½ l Wasser, gesalzen

200 g Dickmilch oder Joghurt

100 g Sauerrahm

200 g Topfen

Salz

Pfeffer

Kümmel

Die Butter im Topf erhitzen, das Mehl dazugeben, so dass eine helle Einbrenne entsteht. Unter ständigem, festen Rühren mit dem Schneebesen nach und nach das Salzwasser dazu gießen. Die Dickmilch, den Sauerrahm und den Topfen einrühren, mit Salz und Pfeffer abschmecken und einige Minuten köcheln lassen. Vor dem Servieren Kümmel auf die Suppe verteilen.

Früher hat man statt Dickmilch eine „gstöckelte Milli" verwendet. Dazu wurde frische Kuhmilch in einem irdenen Topf beiseite gestellt, um diese einige Tage „ausstehen" – also sauer werden – zu lassen.

Ochsenschwanzsuppe, klare

1 kg Ochsenschwanz

1 Bund Suppengrün

1 Zwiebel

1 TL Zucker

25 g Fett

1 ½ l leichte Brühe

1 Lorbeerblatt

6 Wachholderbeeren

3 EL Rotweinessig

6 EL Madeirawein

Das Suppengrün waschen, klein schneiden und mit dem Zucker in heißem Fett bräunlich anrösten. Mit Essig und Madeirawein ablöschen und mit der leichten Brühe aufgießen. Den in Stücke gehackten, küchenfertigen Ochsenschwanz in die Suppe legen, sämtliche Gewürze dazugeben, noch einmal aufkochen und dann mit mittlerer Hitze – je nach Alter und Stärke – 2 bis 3 Stunden, zugedeckt, weichkochen. Den fertigen Ochsenschwanz herausnehmen und das Fleisch ablösen. Danach die Suppe abseihen und mit dem Ochsenschwanz servieren.

Paprikasuppe

1 Zwiebel

je 250 g rote und gelbe
Paprikaschoten

2 EL Butter

600 ml Gemüsebrühe

Salz, Pfeffer, Cayennepfeffer

4 EL Crème fraîche

Zwiebel schälen und würfeln. Rote und gelbe Paprikaschoten waschen, entkernen und klein schneiden.

Für die rote Suppe die Hälfte der Zwiebel in 1 EL Butter glasig dünsten, rote Paprikastücke kurz mitdünsten, mit 300 ml Gemüsebrühe auffüllen und ca. 10 Minuten weich kochen. Die Suppe pürieren, mit Salz, Pfeffer und Cayennepfeffer abschmecken und mit 2 EL Crème fraîche verfeinern. Die gelbe Suppe in einem zweiten Topf mit den restlichen Zutaten ebenso zubereiten, jedoch nicht mit Cayennepfeffer würzen.

Zum Anrichten erst die rote Suppe in den Teller schöpfen, dann die gelbe dazugeben oder umgekehrt.

Pfannkuchen (Fritatten-)suppe

75 g Mehl

125 ml Milch

Salz

2 Eier

30 g Butter oder Butterschmalz zum Ausbacken

Suppe – wie im Rezept „Rindsuppe" oder „Gemüsesuppe" angegeben!

Das Mehl mit der Milch glatt rühren, etwas Salz und die Eier dazugeben.

Ein Stückchen Butter oder Butterschmalz in der Pfanne erhitzen, einen halben Schöpflöffel Teig in die Pfanne gießen und diese dann leicht in alle Richtungen kippen, bis der Pfannenboden dünn bedeckt ist. Bei mittlerer bis starker Hitze backen. Wenn der Rand sich gelb zu färben beginnt, den Pfannkuchen vorsichtig wenden. Die zweite Seite hellgelb backen. Den restlichen Teig auf die gleiche Weise verarbeiten. Die Pfannkuchen einzeln aufrollen, etwas abkühlen lassen und in schmale Streifen schneiden. Diese auf die Suppenteller verteilen und mit heißer Rindsuppe übergießen. Mit Petersilie oder Schnittlauch bestreuen.

Pilzschaumsuppe

Die Pilze putzen. In einem Topf ganz wenig Puderzucker schmelzen, die Butter dazugeben. Eine kleine, fein gehackte Schalotte und eine ganze Knoblauchzehe in der heißen Butter wenden. Die Pilze kurz mit andünsten. 1 EL Pilze wegnehmen, klein schneiden und beiseite stellen. Die restlichen Pilze mit Weißwein löschen, mit Brühe aufgießen und 15 Minuten köcheln lassen. Die Knoblauchzehe herausnehmen, die Sahne dazugießen und die Suppe mit dem Zauberstab pürieren und schaumig schlagen. Mit Salz und Pfeffer abschmecken und vor dem Servieren mit den zerkleinerten Pilzen und der Petersilie garnieren.

500 g gemischte Pilze
(z.B. Steinpilze, Pfifferlinge,
Wiesenchampignons)

40 g Butter

1 Schalotte, klein

1 Knoblauchzehe

150 ml Weißwein

¾ l Gemüsebrühe

150 ml Sahne

Petersilie

Puderzucker

Salz

Pfeffer

Pilzsuppe, klare

500 g Champignons

10 g getrocknete Steinpilze

Salz

½ TL Thymian, getrocknet

1 l Gemüsebrühe

1 Lorbeerblatt

3 Pimentkörner

½ TL schwarze Pfefferkörner

2 EL Portwein

1 Scheibe Schwarzbrot

10 g Kräuterbutter

Die Scheibe Brot in kleine Würfel schneiden und in Kräuterbutter knusprig rösten. Champignons putzen. 5 schöne Hüte beiseite legen. Den Rest fein hacken oder hobeln. Die getrockneten Steinpilze in einer Tasse mit heißem Wasser einweichen. Gemüsebrühe mit Thymian, Lorbeer, Piment- und Pfefferkörnern erhitzen. Die Champignons und die eingeweichten Steinpilze mit Wasser dazugeben und 1 Stunde leicht köcheln lassen. Durch ein mit einem Tuch ausgelegtes Sieb abgießen. Pilze gut ausdrücken. Die Brühe mit Salz, Pfeffer und Portwein abschmecken. Die restlichen Pilze fein hobeln und mit den gerösteten Brotwürfeln in der Brühe servieren.

Raner (Rote Rüben-) suppe mit Krennockerl

250 g gekochte Raner (Rote Rüben)
1 EL Butter
600 ml Brühe
150 ml Weißwein
2 EL Balsamico-Essig, rot
½ Zwiebel
1 Gelbe Rübe
1 kleines Stück Sellerie
1 kleines Stück Porree
1 Kartoffel
1 Lorbeerblatt
Salz
Pfeffer
Kümmel, gemahlen
50 ml Sahne

Für die Krennockerl:
1 Ei
1 Eischwer Butter
1 Eischwer Mehl
etwas Muskatnuss
1 Prise Salz
2 EL frisch geriebenen Kren (Meerrettich)

Die Raner grob würfeln, die Zwiebel schälen, das Gemüse putzen bzw. waschen und klein schneiden. Im Topf die Butter erhitzen und die Raner mit dem Gemüse kurz andünsten. Mit Weißwein und Brühe aufgießen. Das Lorbeerblatt dazugeben, mit Salz, Pfeffer, Kümmel und Balsamico-Essig abschmecken und 30 Minuten leicht köcheln lassen. 50 ml Sahne oder einen EL Creme fraiche einrühren. Das Lorbeerblatt entfernen. Die Suppe mit dem Zauberstab pürieren und die Nockerl darin servieren.

Das Ei wiegen (z.B. 80 g). Mit dem Handquirl die Butter mit dem Ei schaumig rühren, das Mehl unterrühren und mit Salz und Muskatnuss würzen. Zum Schluss den frisch geriebenen Kren dazugeben und den Teig ca. 20 Minuten rasten lassen. Inzwischen Salzwasser erhitzen und mit einem Esslöffel kleine Nockerl in das siedende Wasser legen. Die Nockerl bei kleiner Temperatur 15 bis 20 Minuten (je nach Größe) ziehen lassen.

Rindsuppe mit Mozzarella-Schinken-Knöderl

300 g alte Semmeln

2 Scheiben Schinken (½ cm dick)

1 Zwiebel

1 EL Butter

2 Eier

ca. ¼ l Milch

1 Packung Mini-Mozzarella-Kugeln

2 EL Mehl

2 EL gehackte Petersilie

Suppe – wie im Rezept „Rindsuppe" oder „Gemüsesuppe" angegeben!

Die Semmeln in dünne Scheiben schneiden und in eine Schüssel geben. Die Zwiebel klein hacken und den Schinken würfeln. In einer kleinen Pfanne die Butter erhitzen, die Zwiebel und Petersilie andünsten und den Schinken darunter rühren. Abkühlen lassen. Inzwischen die Eier mit 200 ml Milch verquirlen, salzen und über das Brot gießen. Eine halbe Stunde ziehen lassen. Mit der Hand zu einem Teig kneten. Die Zwiebel mit der Petersilie, den Schinken und das Mehl untermischen und – falls nötig – noch etwas Milch zugeben. Mit nassen Händen 12 kleine Knöderl formen, jeweils in die Mitte ein Stück Mozzarella einarbeiten, in siedendes Salzwasser legen und – halb zugedeckt – ca. 15 Minuten, bei kleiner Hitze, ziehen lassen. In der heißen Rindsuppe servieren.

Rindsuppe

500 g Rindfleisch (Suppenfleisch)
2 Rinderknochen
2 ½ l Wasser
1 Zwiebel
2 Gelbe Rüben
1 Stück Sellerie
Selleriewurzel
1 Porree
Liebstöckl (Maggikraut)
Petersilie
6 Pfefferkörner
Salz
Schnittlauch

Das Rindfleisch und die Knochen waschen. Die Zwiebel ungeschält halbieren und mit der Schnittfläche nach unten im Suppentopf – bei mittlerer Hitze – gut bräunen (gibt der Suppe Aroma und eine kräftige Farbe). Kaltes Wasser, das Fleisch und die Knochen dazugeben, einmal aufkochen lassen und den aufsteigenden Schaum abschöpfen. Bei kleiner Hitze ca. 2 Stunden köcheln lassen. Nach einer Stunde das geschälte bzw. gewaschene und in größere Stücke geschnittene Suppengemüse, die Gewürze und einen TL Salz beigeben. Die fertige Suppe abseihen und vor dem Servieren mit Schnittlauch bestreuen.

Das gekochte Fleisch als Beigabe, wie beispielsweise in einer Nudelsuppe oder wie im Rezept „Katzengschroa", verwenden. Die Suppe bietet durch die verschiedenen Einlagen immer wieder neue Variationsmöglichkeiten.

Speckknödelsuppe

Die Semmeln in dünne Scheiben schneiden und in eine Schüssel geben. Die Milch erhitzen und über das Semmelbrot gießen und ca. 20 Minuten einweichen lassen. Inzwischen die Zwiebel klein hacken und mit der Petersilie in Butter andünsten. Die Eier zu den eingeweichten Semmeln geben und mit der Hand zu einem Teig kneten. Den in kleine Würfel geschnittenen Speck und die Zwiebel mit der Petersilie untermischen. Mit nassen Händen 12 kleine Knöderl formen und ins kochende Salzwasser legen. Mit kleiner Hitze ca. 15 Minuten – halb zugedeckt – ziehen lassen. Die fertigen Knöderl herausnehmen. Für die Suppe 1 ½ l Knödelwasser abseihen, mit dem Brühwürfel nachwürzen und mit Petersilie oder Schnittlauch garnieren.

300 g alte Semmeln

120 g geräucherter Speck (Wammerl)

1 Zwiebel

1 EL Butter

2 Eier

¼ l Milch

1 EL Mehl

1 EL gehackte Petersilie

1 Brühwürfel

Salz

Tomaten (Paradeiser-) suppe

1 kg Tomaten
1 Zwiebel
1 Knoblauchzehe
1 Prise Zucker
1 EL Tomatenmark
1 EL Mehl
1 l Gemüsebrühe
3 EL Sahne
Schnittlauch
Salz
Pfeffer
1 EL Sherry

Die Tomaten halbieren und die Zwiebel sowie den Knoblauch klein schneiden. Die Butter in einem Topf erhitzen, die Zwiebel und den Knoblauch darin andünsten. Die Tomaten dazugeben, kurz mitdünsten, zuckern, 1 EL Tomatenmark unterrühren, mit Mehl bestäuben, kräftig umrühren und mit der Gemüsebrühe aufgießen. Ca. 30 Minuten – zugedeckt – leicht köcheln lassen. Die Brühe durch ein Sieb passieren, die Sahne unterrühren, mit Salz, Pfeffer und Sherry abschmecken und mit Schnittlauch servieren.

Wenn die Tomaten gut reif und geschmackvoll sind, kann man auf die Beigabe von Tomatenmark verzichten!

Wildsuppe

1 kg Wildfleisch
mit Knochen
(Hals, Wand, Bug)

1 Zwiebel

1 Gelbe Rübe

1 Stange Porree

1 Scheibe Speck,
durchwachsen (ca. 70 g)

20 g Butterschmalz

1 Lorbeerblatt

3 Gewürznelken

6 Pfefferkörner

Salz

2 l leichte Brühe

¼ l Rotwein

40 g Butter

3 EL Mehl

2 EL Sahne

1 EL Preiselbeeren

Die vom Jäger oder Wildbrethändler bereits küchengerecht zerkleinerten Fleischstücke waschen und trocknen. Die Zwiebel schälen und vierteln. Die Gelbe Rübe und den Porree waschen und halbieren. Den Speck in große Würfel schneiden. In einem großen Topf das Fett erhitzen, die Speckwürfel darin auslassen, die Zwiebel und das Gemüse kurz anrösten und mit der Brühe aufgießen. Das Fleisch mit den Gewürzen dazugeben, einmal aufkochen lassen und den sich bildenden Schaum abschöpfen. Die Hitze reduzieren und 1 ½ bis 2 Stunden (je nach Alter des Wildbrets) köcheln lassen. Das weiche Fleisch herausnehmen, abkühlen lassen, von den Knochen lösen und klein schneiden. Die Suppe abseihen. In einem Topf die Butter erhitzen, das Mehl dazugeben und unter ständigem Rühren bräunen. Mit dem Rotwein ablöschen und mit der Suppe aufgießen, bis die gewünschte Konsistenz erreicht ist. 1 EL Preiselbeeren unterrühren und mit etwas Sahne oder Creme fraiche verfeinern.

Zucchinisuppe

2 Zucchini (ca. 500 g)

1 Zwiebel

1 Knoblauchzehe

3 EL Öl

1 EL Zitronensaft

1 EL Mehl

⅛ l Weißwein

1 l Gemüsebrühe

3 EL Sahne

Petersilie (zum Garnieren)

Die Zucchini waschen und in Würfel schneiden. Die Zwiebel und den Knoblauch schälen und klein schneiden. Das Öl in einem Topf erhitzen. Darin die Zucchini, die Zwiebel und den Knoblauch kurz andünsten, mit Mehl bestäuben und mit Wein ablöschen. Mit der Brühe aufgießen und 15 Minuten leicht köcheln lassen.

Die Suppe mit dem Zauberstab pürieren, mit Sahne verfeinern und mit Zitronensaft, Salz und Pfeffer abschmecken. Vor dem Servieren mit Petersilie bestreuen.

Zwiebelaufgeschmalzene Brotsuppe

4 Scheiben altes Brot

3 mittelgroße Zwiebeln

1 l Brühe

30 g Butter- oder
Schweineschmalz

Die Zwiebeln schälen und in Ringe schneiden. Das Fett in der Pfanne erhitzen und die Zwiebelringe goldbraun anrösten. Jeweils eine Scheibe altes Brot in mittelgroßen Stücken in die Teller legen und einen Löffel voll Zwiebel darauf verteilen. Die restlichen Zwiebeln mit der heißen Brühe aufgießen und in die Teller geben.

Hauptgerichte

Backhendl

1 Hähnchen

Salz

Pfeffer

Paprika

Mehl

2 Eier

Semmelbrösel

Butterschmalz

Das küchenfertige Hähnchen waschen, trocknen und in 8 bis10 kleinere Stücke zerlegen. Die Haut abziehen und das Fleisch mit Salz, Pfeffer und Paprika einreiben. Das Backrohr auf 100 °C vorheizen. Für die Panade die Eier in einem Suppenteller mit der Gabel verquirlen. Die Hähnchenteile nacheinander in Mehl, Ei und Semmelbröseln wenden. In einer tiefen Pfanne soviel Fett erhitzen, daß das Fleisch bis zur Hälfte bedeckt ist. Die Temperatur drosseln und langsam auf beiden Seiten ausbacken. Wenn die Hähnchenstücke eine schöne goldbraune Farbe erreicht haben, auf das Backblech legen, ins Rohr schieben und ca. 15 Minuten „nachgaren".

Die abgezogene Hähnchenhaut kann man mit etwas Suppengemüse 45 Minuten in Salzwasser köcheln und als „Hühnersuppe" mit Nudeln und Gemüseeinlage verwenden. Natürlich kann man die Hähnchenteile auch mit Haut panieren, aber ohne bleibt die Panade besser haften und das Hendl wird auch schneller bis zum Knochen gar.

Bärlauchnockerl in Tomatensoße

Für die Nockerl:
100 g Bärlauch
500 g Magerquark
5 EL Mehl
3 EL Grieß
2 Eier
Salz

Für die Tomatensoße:
1 EL Butter
1 Zwiebel
2 EL Tomatenmark
1 EL Mehl
200 ml Brühe
Ketchup
Zucker, Salz, Pfeffer

Zum Garnieren ein paar ganze Blätter beiseite legen.
Den Bärlauch ganz klein und fein schneiden. Den Quark mit allen Zutaten vermengen und den Teig 15 bis 20 Minuten quellen lassen. Mit dem Löffel Nockerl ausstechen, in das kochende Salzwasser legen und bei milder Hitze 10 Minuten ziehen lassen.

Im Topf die Butter erhitzen, die klein geschnittene Zwiebel andünsten, Tomatenmark dazugeben, mit Mehl stauben und mit ca. 200 ml Brühe aufgießen, bis die gewünschte Konsistenz erreicht ist. Einen Schuss Ketchup beigeben und mit Zucker, Salz und Pfeffer abschmecken. Zum Schluss mit gehacktem Bärlauch verzieren. Die Tomatensoße auf die Teller geben, die Nockerl daraufsetzen und mit Parmesan bestreuen.

Bärlauch-Nudelauflauf

Die Nudeln – Rigatoni eignen sich besonders gut – nach Packungsanleitung zubereiten. Olivenöl im Topf erhitzen. Die gehackte Zwiebel darin andünsten, den geschnittenen Bärlauch dazugeben, einige Male umrühren und mit der Brühe ablöschen. Den Weißwein und die Sahne beigeben, ca. 15 Minuten köcheln lassen und mit Salz und Pfeffer abschmecken.

Eine Auflaufform mit etwas Butter auspinseln, die Nudeln einschichten, mit der Soße übergießen und mit einer Mischung aus geriebenem Gouda und Mozzarella (eignet sich besonders gut zum Überbacken) oder auch mit Bergkäse oder Emmentaler bestreuen. Den Auflauf im Backrohr bei 175°C 30 bis 40 Minuten (bis sich der Käse bräunt) überbacken.

500 g Nudeln (Rigatoni)

100 g Bärlauch

Olivenöl

1 Zwiebel

200 ml Brühe

50 ml Weißwein

Salz, Pfeffer

200 g Käse zum Überbacken
(Gouda oder Mozzarella)

Blut- und Leberwürste

Das Backrohr auf 180°C vorheizen. Die Blut- und Leberwürste in eine Bratrein legen, jede Wurst mit einer dünnen Nadel einige Male anstechen (damit das Fett etwas austreten kann) und auf jeder Seite ca. 15 Minuten braten.

Dazu schmecken Kümmelkartofferl und Sauerkraut.

Brachsen, gebacken

4 mittelgroße Brachsen
1 Flasche Weizenbier, hell
Salz
Pfeffer
Semmelbrösel
Paprika

Die ausgenommenen Brachsen unter fließendem Wasser waschen und anschließend mit Küchenpapier trocknen. Wegen der Gräten mit einem scharfen Messer die beiden Längsseiten der Fische – vom Rückgrat abwärts – in ca. 10 mm großen Abständen schräg einschneiden. Die Brachsen in ein längliches Geschirr legen, das Weißbier darüber gießen. Nach ca. 30 Minuten herausnehmen, trocknen und innen und außen mit Salz und Pfeffer einreiben. Die Semmelbrösel auf einen länglichen Teller geben und mit 1 TL Paprika vermischen. Die Fische darin wenden und in heißem Butterschmalz auf beiden Seiten ca. 7 Minuten – bei mittlerer Temperatur – goldgelb herausbacken.

Brennnesselspinat mit Spiegelei und Kartoffeln

300 g junge Brennnesselblätter

50 g Butter

2 EL Mehl

1 Zwiebel

1 Knoblauchzehe gepresst

⅛ l Gemüsebrühe

½ Becher Sahne oder Crème fraîche

Salz, Pfeffer, Muskat

Die Brennnesselblätter waschen und klein schneiden oder mit dem Wiegemesser zerkleinern. Die fein gewürfelte Zwiebel in heißer Butter im Topf andünsten. Den Knoblauch hinzufügen, mit dem Mehl bestäuben und mit der Brühe unter ständigem Rühren aufgießen. Die Brennnesselblätter dazugeben und – bei mittlerer Hitze – etwa 20 Minuten dünsten. Dabei immer wieder umrühren. Zum Schluss mit Salz, Pfeffer und Muskatnuss abschmecken und mit Sahne oder Crème fraîche verfeinern.

Zu diesem Wildkrautspinat schmecken Kartoffeln und Spiegeleier bestens.

Büchlstoana

Das Fleisch in kleine Stücke schneiden (wegen der unterschied-
lichen Gardauer empfiehlt es sich, das Rindfleisch kleiner als das
Schweinefleisch zu schneiden), das Gemüse schälen bzw. waschen
und in Würfel, den Lauch in Ringe schneiden. Die Zwiebeln und
den Knoblauch klein hacken. Das Fett im Topf erhitzen, die Zwiebeln und den Knoblauch andünsten, dann das Fleisch kräftig anbraten. Das Gemüse und die Kartoffeln dazugeben und mit der Brühe
aufgießen (das Fleisch mit dem Gemüse sollte mit der Flüssigkeit
bedeckt sein). Mit Salz, Pfeffer, Paprika, Majoran und Kümmel würzen und 60 bis 70 Minuten leicht köcheln lassen. Zum Schluss – bei
Bedarf – noch etwas Brühe zufügen und mit Petersilie bestreuen.

2 EL Schweineschmalz

500 g Rindfleisch

500 g Schweinefleisch

6 große Kartoffeln

4 große Gelbe Rüben

½ Knollensellerie

2 Stangen Porree

2 Zwiebeln

2 Zehen Knoblauch

1 l Brühe

Salz, Pfeffer, Paprika,
Majoran, Kümmel,
gemahlen

Petersilie

Bunter Lammtopf

1 kg Lammfleisch
(Schulter oder Hals)

1 große Zwiebel

3 große Fleischtomaten

2 rote Paprikaschoten

2 Knoblauchzehen

3 EL Tomatenketchup

200 g Champignons

⅛ l Rotwein

⅛ l Gemüsebrühe

Cayennepfeffer

Salz, Paprika, Pfeffer,
Majoran, Rosmarin,
Thymian (gemahlen)

Das Fleisch in kleine Stücke schneiden, in eine Schüssel legen und mit Salz, Pfeffer, Paprika, Majoran, Rosmarin und der durchgepressten Knoblauchzehe vermengen. Paprikaschoten halbieren, entkernen und würfeln, Tomaten beim Stängelansatz kreuzweise einschneiden, mit heißem Wasser überbrühen, häuten und würfeln, die Zwiebel schälen, halbieren und in dünne Streifen schneiden. Die Champignons putzen und je nach Größe halbieren oder vierteln.

Einen leeren Topf auf der Herdplatte vorwärmen. In einer Pfanne Olivenöl erhitzen, das Fleisch kräftig anbraten, das Gemüse dazugeben und ca. fünf Minuten unter Rühren anrösten und mit Wein ablöschen. Das Kochgut in den angewärmten Topf geben und die Brühe dazugießen. Das Tomatenmark und -ketchup darunterrühren und ca. 45 Minuten – bei mittlerer Hitze – köcheln lassen. Zum Schluss mit etwas Cayennepfeffer abschmecken, bei Bedarf mit wenig Mehlschwitze andicken und mit Petersilie bestreuen.

Als Beilage können Reis, Kartoffeln oder Nudeln serviert werden.

Eier in pikanter Soße

Die Paprikaschoten und die Zwiebel kleinwürfelig schneiden, in wenig Salzwasser ca. 5 Minuten dünsten, abseihen und einige Stückchen zum Garnieren beiseitelegen. Die Butter erhitzen, das Mehl einrühren und leicht anbräunen. Brühe und Milch unter schnellem Rühren dazugießen und etwa 2 Minuten kräftig durchkochen. In die sämige Soße den Senf einrühren, mit Essig, Zucker und Pfeffer abschmecken. Die gedünsteten Paprikaschoten mit Zwiebel sowie die Kräutermischung in die Soße geben. Die abgeschälten Eier halbieren und vor dem Servieren einige Minuten in der Soße erwärmen. Je nach Geschmack, kann man die Eier auch mit Fischpaste und Lauchringen garnieren.

8 Eier

2 EL Butter

2 EL Mehl

¼ l heiße Brühe

¼ l heiße Milch

2 EL scharfer Senf

2 EL mittelscharfer Senf

1-2 EL Weinessig

½ TL Zucker

Kräutermischung

Paprikaschoten (rot, gelb, grün)

1 Zwiebel

Salz, Pfeffer

Ente, pikant scharf

3-4 Entenbrüste
1 Zwiebel
1 Knoblauchzehe
1 Orange
¼ l Rotwein
¼ l Hühnerbrühe
Salz
Curry
Cayennepfeffer
1-2 EL Crème fraîche

Die Haut von den Entenbrüsten entfernen und zur Seite legen. Das Fleisch in mittelgroße Würfel schneiden, mit Salz, Pfeffer und Paprika würzen und in heißem Fett in der Pfanne von allen Seiten kräftig anbraten. Es dann herausnehmen und in einen angewärmten Topf legen. Bei Bedarf noch etwas Fett in der Pfanne erhitzen, die klein geschnittene Zwiebel und die durchgepresste Knoblauchzehe darin anrösten. Mit Rotwein ablöschen und über die Entenstücke in den Topf geben. Den Saft einer Orange sowie die Hühnerbrühe dazugießen. Kräftig mit Curry und – je nach Geschmack – mit Cayennepfeffer würzen und ca. 40 Minuten leicht köcheln lassen. Zum Schluss Crème fraîche unterrühren und evtl. mit etwas Mehlschwitze andicken.

Die vorher entfernte Entenhaut in Streifen schneiden, in der Pfanne knusprig anbraten und über das Fleisch legen oder separat auf dem Teller servieren.

Den Fasan innen und außen mit etwas Salz und Wildgewürz einreiben.

Für die Füllung eine alte Semmel in Scheiben schneiden. Das Herz und die Leber mit dem Ei und etwas Brühe im Mixer zerkleinern, mit Salz und Pfeffer abschmecken. Die Semmel damit einweichen und zu einem Teig kneten. Die kleingeschnittene Zwiebel wird mit den Pilzen und der Petersilie in Butter angedünstet und mit dem Teig vermischt (falls das Herz und die Leber des Fasans nicht mehr vorhanden sind, kann man die Füllung auch dadurch verfeinern, indem man ca. 50 g feine Streichwurst in den Semmelteig mischt). Den Fasan mit der Masse füllen und die Öffnung mit Spicknadeln zustecken oder mit Kochfaden zunähen. Den Fasan außen mit zerlassener Butter bestreichen, die Speckscheiben über Brust, Schenkel und Flügel legen und mehrmals fest umbinden. Den Ofen auf 220°C vorheizen. In einer Bratrein 2 EL Butter erhitzen, den Fasan auf dem Rücken hineinlegen und 20 Minuten im Ofen braten. Die Hitze auf 175°C reduzieren (bei zu großer Hitze wird der Fasan trocken!), etwas Brühe aufgießen und den Fasan weitere 35 Minuten – unter öfterem Bepinseln mit dem Bratensaft – garen. Die Fäden und den Speck abnehmen, den Fasan noch 15 Minuten bräunen lassen und dabei einige Male mit der Soße bcgießen. Den Speck klein schneiden, warm halten und später mit dem Fleisch servieren. Den Fasan herausnehmen. Mit einem Pinsel den Bratenrand von den Seitenwänden des Bräters lösen – das gibt der Soße eine kräftigere Farbe und Würze – und mit einem Schuss Rotwein verfeinern. Je nach Gusto, kann man die Soße auch mit Sahne und etwas Speisestärke binden.

(Beilagen: Kartoffel- oder Serviettenknödel, Preiselbeeren, Blaukraut)

Fasan im Speckmantel, gebraten

	Für die Füllung:
1 küchenfertiger Fasan	1 alte Semmel
Salz, Pfeffer aus der Mühle	1 Ei
Wildgewürz, gemahlen	½ Zwiebel
3-4 Scheiben Speck	100 g Champignons, fein gehackt
1 EL Butter	Leber u. Herz des Fasans
¼ l Hühnerbrühe	Petersilie
1 Schuss Rotwein	etwas Brühe
	Salz
	Pfeffer

67

Fenchelauflauf

Die Fenchelknollen putzen, die Stiele abschneiden, halbieren und etwas Grün zur Seite legen. Den Speck in Würfel schneiden und in einem Topf anbraten. Mit Milch und Brühe aufgießen. Die halbierten Fenchelknollen in den Topf legen und ca. 20 Minuten köcheln lassen. Den Fenchel herausnehmen und in eine Auflaufform schichten. Die Flüssigkeit mit etwas Mehlschwitze andicken und über den Fenchel gießen. Den geriebenen Käse darüber streuen und im Rohr bei 175°C ca. 20 Minuten überbacken, bis sich der Käse bräunt. Den fertigen Auflauf mit dem Fenchelgrün garnieren.

6-7 Knollen Fenchel
(je nach Größe)

¼ l Milch

¼ l Brühe

2 Scheiben geräuchertes
Wammerl

250 g Bergkäse

Feuerbohnen, gratiniert

800 g junge, frische Bohnen

3 mittelgroße Gelbe Rüben

2 große Kartoffeln

Salz

2 Zwiebeln

1 Knoblauchzehe

Petersilie

3 EL Kräuterbutter (oder Butter)

Pfeffer aus der Mühle

100 g frisch geriebenen Parmesan

Die Bohnen waschen, die Enden kappen, entfädeln und in ca. 2 cm große Stücke sowie die Gelbe Rüben in Scheiben schneiden. Die geschälten Kartoffeln vierteln. Die Zutaten in leicht gesalzenem Wasser – bei geringer Hitze – ca. 15 Minuten garen.

Inzwischen Zwiebeln, Knoblauch und Petersilie putzen und fein hacken. Die Kräuterbutter in einem Topf schmelzen, Knoblauch und Zwiebeln darin hell andünsten. Mit ¼ l Bohnenbrühe löschen und die Flüssigkeit etwas einkochen lassen, bis die Zwiebeln ganz weich sind. Die Bohnen, Karotten und Kartoffeln abgießen und im Topf mit der Zwiebelbrühe vermischen. Mit Petersilie bestreuen, pfeffern und salzen sowie die Masse in eine leicht gebutterte Auflaufform füllen. Mit Parmesan bestreuen und 10 bis 15 Minuten im heißen Ofen (am besten Grillstufe) gratinieren.

Falls der Parmesan nicht frisch gerieben ist, sollte man diesen vor dem Gratinieren mit Butterflöckchen besetzen.

Fischkrapferl

1 ½ l Brühe

3-4 (ca. 1 kg) mittelgroße Weißfische
(Rotaugen, Barben, Brachsen u.a.)

2 alte Semmeln

1-2 Eier

2 große Zwiebeln

1 Bund Petersilie

Salz

Pfeffer

Muskat

Majoran

Fett zum Braten

Die Fische säubern und in die kochende Brühe geben. Ca. 15 Minuten köcheln lassen, bis sich das Fischfleisch leicht von den Gräten löst. Die Fische herausnehmen, entgräten und mit einem Messer ganz fein schneiden oder durch den Fleischwolf drehen.

Zwei alte Semmeln in Scheiben schneiden und mit etwas heißer Brühe (Fischsud verwenden) einweichen. Ein bis zwei Eier und die Fischmasse dazugeben, kräftig durchkneten und zu einem Teig verarbeiten. Ist der Teig etwas zu weich geraten, kann man noch Semmelbrösel dazugeben.

In einer kleinen Pfanne etwas Butter erhitzen und die fein geschnittenen Zwiebeln und die gehackte Petersilie darin andünsten. Etwas abkühlen lassen und zu der Brätmasse geben. Mit Salz, Pfeffer, Muskat und Majoran abschmecken. Kleine Krapferl formen und in heißem Fett in der Pfanne auf beiden Seiten, jeweils 5 bis 8 Minuten, goldbraun braten.

Die Fischkrapferl schmecken auch kalt sehr gut.

Fleischkrapferl

500 g Hackfleisch

3 alte Semmeln

2 Eier

1 große Zwiebel

1 Zehe Knoblauch

Petersilie, klein geschnitten

1 Tasse Brühe

Salz, Pfeffer, Majoran, Kümmel (gemahlen)

Die Semmeln in Scheiben schneiden, mit der heißen Brühe übergießen und zugedeckt ca. 15 Minuten ziehen lassen. In einer kleinen Pfanne die feingehackte Zwiebel in Butter glasig dünsten, die Petersilie und die durchgepresste Knoblauchzehe kurz mitdünsten und die Pfanne zum Abkühlen vom Ofen nehmen. Die eingeweichten Semmeln mit zwei Eiern gut durchkneten. Anschließend mit dem Hackfleisch, der Zwiebelmischung sowie den Gewürzen vermengen und kleine, runde Bällchen formen. Sollte das Brät zu weich sein, kann man es mit Semmelbrösel noch andicken. Das Backrohr auf 120°C vorheizen.

Das Fett in der Pfanne erhitzen, die Fleischbällchen in der Hand etwas flachdrücken und bei mittlerer Hitze auf beiden Seiten, jeweils ca. 8 bis 10 Minuten, braten. Die fertigen Krapferl aus der Pfanne nehmen und im vorgewärmten Rohr noch einige Minuten nachgaren.

Forelle, Müllerinnen Art

4 Forellen

Salz

Pfeffer

Paprika

Mehl

Fett zum Ausbacken

Die Forellen waschen und trocken tupfen. Mit Salz und Pfeffer einreiben. Auf einen länglichen Teller das Mehl sieben, mit einem TL Paprika vermischen und die Fische darin wenden. In einer Pfanne das Fett erhitzen und die Forellen auf beiden Seiten ca. 8 Minuten – bei mittlerer Temperatur – goldbraun backen.

Gans, gebraten

1 küchenfertige Gans

Salz, Pfeffer

½ l leichte Hühnerbrühe

Die Gans waschen, trocknen und innen und außen kräftig mit Salz und Pfeffer einreiben, in eine große Bratrein legen und einige Stunden einziehen lassen. Das Bratrohr auf 200° vorheizen und die Gans mit der Brust nach unten ca. 45 Minuten braten. Die Rein herausnehmen, das Fett in ein Schmalzhaferl abschöpfen und den Braten mit ca. ¼ l Brühe aufgießen. Auf 180° herunterschalten, weitere 30 Minuten braten und zwischendurch immer wieder mit der Soße einpinseln. Die Gans umdrehen – je nach Größe – noch ca. 60 Minuten garen und bei Bedarf Brühe zugießen. Wenn die Haut zu braun wird, kann man sie 15 bis 20 Minuten mit Alufolie abdecken. Zum Schluss ⅛ l Wasser mit 1 TL Salz verrühren, die Gans damit bepinseln und noch weitere 10 Minuten knusprig braten. Die Gans herausnehmen, tranchieren und warm stellen. Für die Soße den Bratrand mit dem Pinsel ablösen, in einen kleinen Topf umgießen und einige Minuten köcheln lassen.

Dazu schmecken Reiberknödel und Blaukraut.

Ganskragen, gefüllt

Vom Gänsehals vorsichtig die Fetthaut abziehen (sie darf nicht einreißen!) und wie bei einem Handschuh umstülpen. Adern und Gurgel entfernen. Den Hals abspülen und trockentupfen. Die abgelöste Haut innen und außen leicht mit Salz, Thymian und Pfeffer würzen, zusammenrollen und zur Seite legen.

Die Zwiebel schälen, fein hacken und in zerlassener Butter anschwitzen. Den Speck in kleinste Würfel schneiden, die Leber und die Petersilie klein hacken. Die Bratwurstmasse in eine Schüssel geben. Zwiebel, Speck, Leber, 1 Ei und die Semmelbrösel untermischen. Die Füllmasse mit Zitronenschale, Cognac und Petersilie würzen und gut durcharbeiten.

Die Haut aufrollen und an einem Ende fest zubinden oder zunähen. Die Masse vorsichtig mit einem kleinen Löffel in den Kragen füllen und immer etwas nachdrücken (nicht zu prall füllen, weil sich beim Braten die Masse dehnt und sonst die Gefahr besteht, dass die Haut reißt!). Das obere Ende ebenfalls zubinden oder zunähen. In einer Pfanne das Schmalz erhitzen und den gefüllten Ganskragen rundherum etwa 40 Minuten langsam knusprig braun braten. Das Fleisch herausnehmen und auf Küchenpapier etwas abtropfen lassen. Das Küchengarn entfernen und den gefüllten Hals in Scheiben schneiden.

Wir servieren den Hals kalt, mit Zuckerschote und Tomate garniert, als Vorspeise. Man kann ihn aber auch in dickeren Scheiben, beispielsweise zu Wirsing und Kartoffelbrei, warm essen.

Im Übrigen haben wir zwei Entenhälse (von den „Martini-Enten") und den Hals von unserer „Weihnachtsgans" zunächst separat eingefroren und dann mit entsprechender Menge der Zutaten zusammen zubereitet.

Gänsehals	150 g rohe Bratwürste (oder rohe Bratwurstmasse, beim Metzger vorbestellen)
alz	
hymian	1 Ei
feffer	1 EL Semmelbrösel
Zwiebel	½ abgeriebene Zitronenschale
EL Butter	
0 g geräuchertes Wammerl	1 EL Cognac
0 g Gänseleber (ersatzweise ühnerleber)	3 EL Gänse- oder Butterschmalz zum Braten
Bund Petersilie	

Geräuchertes Wammerl, mit Sauerkraut und Mehlknödel

800 g Wammerl,
geräuchert

Für das Kraut:
800 g Sauerkraut, roh
2 EL Schweineschmalz
2 Zwiebeln
100 ml Weißwein
300 ml Gemüsebrühe
5 Wacholderbeeren
3 Lorbeerblätter
1 TL Kümmel
Salz
Zucker

Für die Knödel:
500 g Mehl
1 Prise Salz
3 Eier
ca. 200 ml Milch

Das Fleisch in kochendes Salzwasser legen und bei kleiner Hitze – zugedeckt – 1 ½ Stunden köcheln lassen. Für das Sauerkraut in einem Topf das Schmalz erhitzen, die klein gehackten Zwiebeln darin glasig dünsten. Das Kraut dazugeben, mit Wein ablöschen, die Gemüsebrühe angießen und aufkochen lassen. Die Pfefferkörner, Wacholderbeeren, Lorbeerblätter und den Kümmel unterrühren und alles, je nach Festigkeit des Sauerkrauts, 50 bis 60 Minuten zugedeckt köcheln lassen. Falls nötig, noch etwas Brühe nachgießen. Mit Salz, Zucker und – wenn man es säuerlicher mag – mit einem Schuss Essig abschmecken.

Inzwischen für die Zubereitung der Knödel das Mehl in eine Schüssel sieben und salzen. Die Eier mit der Milch verquirlen und langsam in das Mehl rühren bis ein fester Teig entsteht. Mit feuchten Händen 8 Knödel formen und in kochendes Salzwasser legen. Nach 2 Minuten die Knödel mit dem Kochlöffel vorsichtig vom Boden lösen und weitere 8 Minuten kochen lassen. Dann, bei mittlerer Temperatur, noch 20 Minuten – halb zugedeckt – garen.

Hähnchenschenkel im Gemüsebett

8 Hähnchenschenkel

Salz

Pfeffer

Paprika

30 g Butter

Olivenöl

8 Kartoffeln

8 Gelbe Rüben

8 Frühlingszwieberl

4 kleine Zwiebeln

Die Hähnchenschenkel waschen, mit Salz, Pfeffer und Paprika einreiben und 15 Minuten einziehen lassen. Inzwischen die Kartoffeln schälen und – je nach Größe – halbieren oder vierteln. Die Gelben Rüben und die Frühlingszwieberl waschen und in zwei bis drei Zentimeter große Stücke schneiden. Die kleinen Zwiebeln schälen und halbieren. Den Ofen auf 175°C vorheizen. In einem kleinen Gefäß die Butter erwärmen. Das Backblech gut mit Olivenöl bestreichen, die Hähnchenteile darauf verteilen und mit der erwärmten Butter einstreichen. In den Ofen schieben. Nach 20 Minuten das Blech herausnehmen, das Gemüse darauf verteilen und in der entstandenen Flüssigkeit wenden. Die Hähnchenhaxerl nochmals überpinseln. Die Temperatur auf 150°C drosseln und weitere 35 bis 40 Minuten garen.

Hühnerleber, geröstet, auf gemischtem Salat

600 g Hühnerleber	1 Kopfsalat
30 g Butter	4 Tomaten
1 große Zwiebel	4 Gelbe Rüben
Salz	20 Löwenzahnblätter
Pfeffer	Wasser
Paprika	Balsamico Essig, weiß
	1 TL Zucker
	1 ½ TL Salz
	Olivenöl

Den Kopfsalat, die Tomaten sowie die Löwenzahnblätter waschen. Den Kopfsalat in mundgerechte Teile schneiden. Die Tomaten vierteln, die Gelben Rüben schälen und in Scheiben schneiden. Alles in einer Schüssel vermischen. In einem großen Glas Wasser den Zucker und das Salz verrühren, den Balsamico Essig und 2 EL Olivenöl dazugießen, über den Salat verteilen und 15 Minuten einwirken lassen.

Inzwischen die Hühnerleber waschen, trockentupfen und halbieren. Die Zwiebel schälen und in dünne Ringe schneiden. In einer großen Pfanne die Butter erhitzen und die Zwiebelringe goldgelb anrösten. Die Hühnerleber dazugeben und unter häufigem Rühren 10 Minuten anbraten. Mit Salz, Pfeffer und Paprika würzen und sofort servieren.

Kalbsbrust, gefüllt

Das Bratrohr auf 220°C vorheizen.

Die Kalbsbrust kalt abspülen und mit Küchenpapier trocknen. Innen und außen mit Salz und Pfeffer kräftig würzen. Die Semmeln in Würfel schneiden, mit der heißen Milch begießen und zugedeckt einige Minuten ziehen lassen. Inzwischen die Zwiebel und die Petersilie klein hacken. Butter in einer Pfanne zerlassen, Zwiebel und Petersilie unter Rühren kurz andünsten. Vom Herd nehmen und mit den eingeweichten Semmeln und den 2 Eiern verkneten. Mit Salz, Pfeffer und etwas geriebener Muskatnuss abschmecken und die Kalbsbrust damit füllen. Mit Küchenzwirn zunähen. In einem Bräter das Bratfett erhitzen, die Kalbsbrust hineinlegen und mit Butterflocken besetzen. Das Fleisch in das Backrohr schieben und ca. 30 Minuten bei 220°C anbraten, dann mit ½ l Brühe aufgießen, die Hitze auf 180°C reduzieren und noch weitere 90 Minuten braten. Dabei immer wieder mit dem Bratensaft begießen. Die fertige Kalbsbrust herausnehmen, mit Alufolie zudecken und ca. 15 Minuten rasten lassen. Inzwischen mit dem Pinsel den Bratrand ablösen und die Soße abgießen. Bei Bedarf noch etwas nachwürzen. Je nach Gusto kann man die Soße auch mit Mehlschwitze oder Sahne andicken.

für 6 Personen

1,5 kg Kalbsbrust (vom Metzger zum Füllen vorbereiten lassen)

Salz

Pfeffer

2 EL Bratfett

2 EL Butter

½ l Brühe

Für die Füllung:

4 alte Semmeln

⅛ l heiße Milch

1 Zwiebel

1 Bund Petersilie

1 EL Butter

2 Eier

Salz

Pfeffer

etwas Muskatnuss

Kalbshaxn, gebacken

2 l Wasser

1 Brühwürfel

1 TL Pfefferkörner

1 Lorbeerblatt

1 EL Salz

2 Kalbshaxn (ca. 1,5 kg)

1 große Zwiebel

2 Bund Suppengrün

Für die Panade:

1 TL Paprika

Mehl

2 Eier

Semmelbrösel

Fett zum Ausbacken

In einem großen Topf Wasser mit Pfefferkörnern, Lorbeerblatt, Brühwürfel und Salz aufkochen. Die Haxen dazugeben und bei starker Hitze rasch bis knapp unter den Siedepunkt erhitzen. Die Zwiebel abziehen, halbieren, das Suppengrün waschen, zerkleinern und in den Topf geben. Bei schwacher bis mittlerer Hitze 1 ¾ Stunden garen. Das Fleisch aus dem Sud nehmen, vorsichtig vom Knochen lösen und einige Stunden abkühlen lassen. Die Suppe abseihen, abschmecken und z. B. mit gerösteten Semmelwürfeln und frischer Petersilie als Vorspeise servieren.

Das Mehl mit dem Paprika vermischen und die Eier verquirlen. Das Fleisch in mehrere Stücke schneiden und in Paprika-Mehl, Ei und Semmelbröseln wenden. In einer Pfanne das Fett (am besten Butterschmalz) erhitzen und die Haxn-Stückerl auf beiden Seiten ca. 5 Minuten goldgelb backen. Mit Zitronenscheiben garniert anrichten.

Als Beilage passt sehr gut Kartoffelsalat mit Gurke vermischt.

Kalbslüngerl

Die Kalbslunge ca. 1 Stunde in eine Schüssel mit kaltem Wasser legen. Dann in einem großen Topf mit 2 l Wasser, Salz, Essig, 1 geschälten, halbierten Zwiebel, Gelben Rüben, Sellerie, Porree, Lorbeerblättern, Wacholderbeeren, Pfefferkörnern und etwas Thymian aufsetzen und zum Kochen bringen. Bei kleiner Hitze ca. 90 Minuten köcheln lassen. Während des Kochens die Lunge mehrmals anstechen, damit sie nicht schwammig wird.

1 Kalbslunge (küchenfertig beim Metzger bestellen)

1 Zwiebel

3 Gelbe Rüben

1 Stück Sellerie

½ Stange Porree

1 Scheibe Speck (Wammerl)

3 Lorbeerblätter

6 Wacholderbeeren

6 Pfefferkörner

Für die Soße:

1 EL Butter

2 EL Mehl

1 EL Zucker

1 EL Kapern

4 Sardellen

1 Zitrone

Essig

Salz

½ Becher Sahne

Senf

Die fertige Lunge aus dem Sud nehmen, gut abkühlen lassen, in feine Streifen schneiden, mit etwas Essig bespritzen und beiseite stellen. Inzwischen die Zwiebel, den Speck, die Sardellen und die Kapern klein hacken. Die Schale einer Zitrone abschaben. In einem Topf die Butter erhitzen, den Zucker einrühren und gut anbräunen. Mit Mehl stäuben und unter Rühren die Zwiebel, den Speck, die Sardellen, die Kapern und die Zitronenschale gut durchrösten. Mit dem Sud aufgießen, bis die gewünschte Konsistenz erreicht ist. Die Soße einige Minuten leicht köcheln lassen und mit einem TL scharfen Senf, Zitronensaft und Sahne verfeinern. Die geschnittene Lunge untermischen, nochmals bei milder Hitze einige Minuten ziehen lassen und bei Bedarf abschmecken (das Lüngerl soll säuerlich aber nicht salzig schmecken!).

Kaninchen in Wein-Senfsoße

4 Kaninchenkeulen

Salz

Pfeffer

Paprika

1 EL Butter oder
Butterschmalz

1 Zwiebel

1 Knoblauchzehe

Suppengrün (Karotten,
Sellerie, Porree)

¼ l Weißwein

ca. 300 ml Brühe

1 EL scharfer Senf

1 EL süßer Senf

100 ml Sahne

Die Zwiebel, die Knoblauchzehe sowie das Suppengrün schälen bzw. putzen und klein schneiden. Die Kaninchenkeulen waschen, trocknen und mit Salz, Pfeffer und Paprika einreiben. Das Fett erhitzen, das Fleisch auf beiden Seiten goldbraun anbraten und in einen angewärmten Topf legen. Im gleichen Fett die Zwiebel, den Knoblauch sowie das Suppengrün andünsten, mit Wein und Brühe ablöschen, den Senf einrühren und über die Kaninchenkeulen in den Topf gießen. Das Fleisch sollte gut über die Hälfte bedeckt sein. Wenn nötig, noch mit etwas Brühe oder Wein auffüllen und auf kleiner Stufe 40 bis 50 Minuten leicht köcheln lassen. 10 Minuten vor der Garzeit die Sahne unterrühren. Das fertige, zarte Fleisch herausnehmen und warmstellen. Die Soße durchpassieren, nochmal abschmecken und bei Bedarf mit Mehlschwitze oder Mehlteigerl (in einer Tasse 1 TL Mehl mit etwas Wasser verrühren) andicken.

Kartoffel-Eier-Pfanne, mit Frühlingszwieberl

600 g gekochte Kartoffeln

1 Zwiebel

2 Knoblauchzehen

40 g Butter

5 Scheiben Schinken
(oder Geräuchertes)

3 Eier

4 EL Sahne

5 Frühlingszwieberl

Petersilie

Die Zwiebel klein hacken, den Schinken in zentimetergroße Fleck-chen (oder das Geräucherte in kleine Würfel), die geschälten Kar-toffeln in Scheiben sowie die Frühlingszwieberl in Ringe schneiden. Die Butter in der Pfanne erhitzen, die Zwiebel und den durchge-pressten Knoblauch glasig andünsten. Den Schinken bzw. das Ge-räucherte dazugeben und zwei Minuten mit anbraten. Die Kartoffeln beigeben und unter gelegentlichem Wenden anrösten. Eier, Sahne und Petersilie verquirlen, mit Salz und Pfeffer abschmecken, auf die Kartoffelscheiben gießen und stocken lassen. Zum Schluss die Früh-lingszwieberl darüber verteilen.

Kartoffeltascherl, gefüllt

500 g gekochte Kartoffeln
(am besten vom Vortag)

ca. 150 g Mehl
(bei mehligen
Kartoffeln weniger)

1 Prise Salz

1 Ei

2 EL Butterschmalz

1 Eigelb

1 EL Milch

Für die Füllung:

Aufschnittwurst

Zwiebel

1 Knoblauchzehe

Petersilie

Die Zwiebel, den Knoblauch und die Petersilie klein hacken. Die Aufschnittwurst in kleine Streifen schneiden. Die Zwiebel in heißem Fett anschwitzen, den Knoblauch und die Wurst dazugeben und etwas anrösten. Je nach Gusto, noch mit Paprika und Kräutersalz nachwürzen. Zum Schluss Petersilie darüber streuen und abkühlen lassen.

Die kalten Kartoffeln durch die Kartoffelpresse drücken. Ei, Mehl, Salz hinzufügen und zu einem Teig kneten. Diesen auf einer mit Mehl bestäubten Arbeitsfläche knapp 1 cm dick auswalken und mit dem Teigradl oder einem Messer 5 bis 6 Rechtecke ausschneiden. Das Eigelb mit der Milch verquirlen und die Ränder damit einstreichen. Jedes Rechteck mit einem EL Wurstfüllung belegen, den Teig übereinander schlagen und die Ränder festdrücken. In heißem Butterschmalz auf beiden Seiten goldbraun backen. Vor dem Anrichten mit geriebenem Parmesan bestreuen.

Kasnockerl

Über das kleingeschnittene Knödelbrot die heiße
Milch gießen und zugedeckt ca. 20 Minuten einweichen lassen. Inzwischen den Käse kleinwürfelig schneiden. Die Zwiebel klein hacken und
in der Butter anrösten. Etwas abkühlen lassen
und mit den Eiern, der Petersilie, dem Salz und
dem Mehl zum Semmelteig geben und gut vermischen. Zum Schluss vorsichtig die Käsewürfel
dazugeben. Mit einem Esslöffel die Masse in der
flachen, nassen Hand zu Nockerln formen, in kochendes Salzwasser legen und ca. 15 Minuten –
bei geringer Hitze – garen. In der Pfanne die Butter schmelzen und die fertigen Nockerl dazulegen. Mit Parmesan und Schnittlauch bestreuen.

300 g alte Semmeln (6-7 Stück)

¼ l heiße Milch

300 g Schnittkäse
(z.B. Gouda, Tilsiter, Emmentaler)

2 Eier

1 EL Mehl

1 Zwiebel

2 EL Petersilie

2 EL Schnittlauch

100 g Butter

100 g Parmesan

Katzengschroa

(ein Restlessen
für zwei bis drei
Personen)

1 EL Fett

Suppenfleisch

gekochte Kartoffeln

1 Zwiebel

1 Knoblauchzehe

Salz

Pfeffer

Petersilie

Das Suppenfleisch und die geschälten, kalten, gekochten Kartoffeln in Würfel schneiden. Die Zwiebel klein hacken und die Knoblauchzehen durchpressen. In einer Pfanne das Fett erhitzen, die Zwiebel goldgelb anrösten und die Knoblauchzehe dazugeben. Das Fleisch unterrühren, einige Minuten anbraten und dann die Kartoffeln beigeben. Mit Salz und Pfeffer abschmecken und mit Petersilie garnieren.

Falls noch Gemüse- oder Wurstreste vorhanden sind, können diese mit verwertet werden.

Kohlrabi mit gebackenen Käsewürfeln

4 Kohlrabi

1 Zwiebel

50 g Butter

Salz

Pfeffer

Majoran

50 ml Brühe

1 EL gehackte Petersilie

Zitronensaft

400 g Gouda

1 Ei

4 EL Semmelbröseln

Butterschmalz zum Ausbacken

Von den Kohlrabis die äußeren Blätter entfernen und die inneren klein schneiden. Die Kohlrabi schälen, vierteln und in Scheiben schneiden. Die Zwiebel schälen, würfeln und in der zerlassenen Butter glasig dünsten. Kohlrabi, Majoran, Salz und Pfeffer hinzufügen und kurz mitdünsten. Das Ganze mit Brühe begießen und zugedeckt etwa 15 Minuten bei kleiner Hitze garen. Zum Schluss die restliche Butter in Flocken verteilen und mit den geschnittenen Kohlrabiblättern und der Petersilie unter das Gemüse mischen. Mit Zitronensaft abschmecken. Den Käse in 2 cm große Würfel schneiden, in verquirltem Ei und Semmelbröseln wälzen und in reichlich heißem Butterschmalz in einer tiefen Pfanne möglichst zügig ausbacken. Die Käsewürfel vorsichtig über das Gemüse verteilen und sofort servieren.

Krautwickerl

Von dem Krauthäuperl den Strunk mit einem scharfen, spitzen Messer großzügig ausschneiden. Mit einer Fleischgabel tief in die Aushöhlung stechen und das Krauthäuperl an der Gabel einige Sekunden in einem großen Topf in reichlich kochendes Wasser tauchen. Dadurch werden die Blätter weich und lassen sich von der Blattspitze her vorsichtig abziehen. Nach jedem abgelösten Blatt das Häuperl erneut ins kochende Wasser tauchen, bis 8 Blätter abgelöst sind. Die dicke Blattrippe etwas flach schneiden und das Krautblatt auf ein Brett legen, mit einem Küchentuch abdecken und mit dem Nudelholz flach rollen. Die Semmeln in Scheiben schneiden und mit der angewärmten Milch übergießen. Ca. 10 Minuten einweichen lassen. Die Zwiebel und die Petersilie klein schneiden und in etwas Öl oder Butter andünsten. Den Semmelteig durchkneten und mit dem Hackfleisch, der Zwiebel und der Petersilie gut vermischen. Mit Salz, Pfeffer, Majoran und Muskatnuss würzen. Je ein Achtel der Füllung auf ein Krautblatt legen, die Längsseiten einschlagen und von der schmalen Seite her einrollen. Mit Küchengarn zubinden. In einer tiefen Pfanne die Butter erhitzen und die Krautwickerl darin rundum anbraten. Dann herausnehmen und im gleichen Fett die Zwiebel sowie das klein geschnittene Suppengrün andünsten. Mit der Hälfte des Rotweins ablöschen, etwas einköcheln lassen und mit dem Rest des Rotweines und der Brühe aufgießen. Das Ganze aufkochen lassen, die Wickerl wieder dazugeben und – bei kleiner Hitze, halb zugedeckt – ca. 45 Minuten ziehen lassen. Die Krautwickerl warmstellen, die Soße durchpassieren und wieder dazugeben.

Dazu schmeckt gut Kartoffelbrei oder -stampf.

8 Weißkrautblätter

500 g Hackfleisch, gemischt

2 alte Semmeln

120 ml Milch

1 Zwiebel

1 EL Petersilie

Salz

Pfeffer

Majoran

Muskatnuss

30 g Butter

Für die Soße:

1 Zwiebel

1 Knoblauchzehe

1 Bund Suppengrün (Rüben, Sellerie, Porre

200 ml Rotwein

400 ml Brühe

Lammbraten in Biersoße

1 kg Lammschulter oder
Schlegel

Salz

Pfeffer

2 Knoblauchzehen

Rosmarin

50 g Fett zum Braten

1 große Zwiebel

je 50 g Gelbe Rüben, Sellerie,
Petersilienwurzel, Porree

1 TL Tomatenmark

½ l dunkles Bier

½ l Brühe

4 Kartoffeln

Das Backrohr auf 220°C vorheizen. Gelbe Rüben, Sellerie, Petersilienwurzel, Porree und Zwiebel putzen bzw. schälen und in Würfel schneiden. Das Lammfleisch mit Salz, Pfeffer, den durchgepressten Knoblauch, Thymian sowie Rosmarin (gemahlen) einreiben. In einer Pfanne das Fett erhitzen und das Fleisch von beiden Seiten gut anbraten. Anschließend das Fleisch herausnehmen und in eine vorgewärmte Bratrein legen. Im gleichen Fett das gewürfelte Wurzelwerk anrösten, das Tomatenmark zugeben, durchrühren und mit etwas Bier übergießen. Das Ganze einköcheln lassen, mit Brühe ablöschen, umrühren und über das Fleisch gießen. Den Bräter in das Backrohr schieben, die Temperatur auf 180° reduzieren und ca. 1 ½ bis 2 Stunden braten. Zwischendurch, immer wieder abwechselnd, mit Bier oder Brühe übergießen und das Fleisch mit der Soße überpinseln. 30 Minuten vor Ende der Bratzeit die geschälten, halbierten Kartoffeln dazulegen und mitbraten lassen. Das gare Fleisch und die Kartoffeln herausnehmen und warmstellen. Die Soße passieren und mit etwas Stärkemehl binden.

Als Beilage schmecken Speckbohnen und Semmelknödel oder Serviettenknödel.

Lammkoteletts

Die Lammkoteletts waschen und trocknen. Mit Salz, Pfeffer und durchgepresstem Knoblauch einreiben. Etwas Rosmarin darüber streuen. In der Pfanne das Öl und die Butter erhitzen und die Koteletts auf beiden Seiten ca. 2 Minuten – je nach gewünschtem Gargrad – bei mittlerer Hitze braten.

Mit Kartoffeln und Zuckerschoten oder Bohnen servieren.

1 EL Öl

1 EL Butter

8 Lammkoteletts

Salz

Pfeffer

2 Knoblauchzehen

Rosmarin, getrocknet

Lammrücken, gebraten

400 g Lammfilet

Olivenöl

1 EL Butter

Salz

Pfeffer

1 Zweig Rosmarin

1 Zehe Knoblauch

Das Backrohr auf 150°C vorwärmen. Das Lammfilet auf beiden Seiten mit Salz und Pfeffer einreiben. Das Olivenöl und die Butter in der Pfanne erhitzen. Die Filets mit dem Rosmarinzweig sowie der Knoblauchzehe in die Pfanne geben und auf beiden Seiten ca. 5 Minuten anbraten. Die Pfanne in den Ofen stellen und 15 Minuten garen lassen.

Wenn man das Fleisch – wie wir – lieber ganz durchgebraten mag, lässt man es 25 Minuten im Ofen nachgaren.

Löwenzahnsalat mit Tomaten

Junge Löwenzahnblätter
(frisch gepflückt im
Garten oder auf nicht
gedüngter Wiese)

2 Tomaten

1 Ei

1 kleine Zwiebel

1 Knoblauchzehe

1 TL Salz

½ TL Zucker

5-6 EL Balsamico-Essig

Olivenöl

Die Löwenzahnblätter waschen und ggf. zerkleinern. Wenn man den Löwenzahn einige Minuten in lauwarmes Wasser legt, verliert er ein wenig von seiner Bitterkeit. Wir genießen ihn lieber pur. Die Tomaten in Scheiben schneiden. Für die Marinade ⅛ l Wasser mit Essig, Zucker und Salz sowie der klein gehackten Knoblauchzehe verrühren. Zum Schluss 1 bis 2 EL Olivenöl hinzugeben. Den Löwenzahn und die Tomaten auf einer Platte anrichten, mit der Marinade übergießen und ca. 20 Minuten durchziehen lassen. Vor dem Servieren mit einem Ei und der in Ringe geschnittenen Zwiebel garnieren.

Je nach Gusto (und Kalorienaufnahmebereitschaft) kann man der Marinade auch Senf, Sauerrahm, Sahne oder Joghurt beifügen und mit Käsewürfeln oder frisch gehobelten Parmesan verfeinern).

Milchbrätlinge, in Butter gebraten

Die frischen Milchbrätlinge mit einem Messer säubern und in Stücke teilen. Die Pfanne mit wenig Butter ausreiben und die Brätlinge bei großer Hitze auf beiden Seiten 1 Minute scharf anbraten. Mit Salz und etwas Pfeffer würzen und schon bietet sich ein außergewöhnlicher lukullischer Genuss, zu dem am besten eine Scheibe Bauernbrot oder ein Stück Semmelwecken passt.

Früher, bei den Großeltern, legte man die Millibrätlinge einfach kurz auf die heiße Ofenplatte, streute etwas Salz darüber und schon hatte man einen einfachst zuzubereitenden Leckerbissen, der einen sein Lebtag davon schwärmen lässt.

Parasole, gebacken

8 Parasole

2 Eier

2 EL Milch

Salz

Pfeffer

Mehl

Semmelbrösel

Butterschmalz

Von den Parasolen sind nur die Hüte zu verwerten. Nach gründlicher Reinigung die flacheren Hüte halbieren und die gebogenen in 3 bis 4 Stücke teilen, damit sie eben in der Pfanne liegen. Die Eier mit der Milch, einer Prise Salz und etwas frisch gemahlenem Pfeffer verquirlen. Die Pilzstücke zuerst in Mehl, dann in den gewürzten Eiern und zum Schluss in Mehl wenden. In der Pfanne das Fett erhitzen und die Parasole – bei mittlerer Hitze – auf jeder Seite 2 bis 3 Minuten goldgelb backen.

Dazu passt Kartoffel- oder bunter Salat. Wenn der Schwammerlfund kleiner ausfällt, ist das Gericht als köstliche Vorspeise, mit Remouladensoße, bestimmt auch eine Gaumenfreude.

Pfifferling-Eier-Pfanne

30 g Butter

100 g Speck

1 Zwiebel

500 g Pfifferlinge

4 Eier

2 EL Milch

Salz

Pfeffer

Paprika

Petersilie

Die Pfifferlinge putzen und die größeren Ei-erschwammerl halbieren. Den Speck in sehr kleine Würfel schneiden. Die Zwiebel klein hacken. Die Eier mit der Milch verquirlen und mit Salz und Pfeffer würzen. In einer großen Pfanne die Butter erhitzen, die Speckwürfel darin auslassen und die Zwiebel glasig düns-ten. Die Pilze dazugeben, mit wenig Salz und Paprika würzen und ca. 10 Minuten schmoren lassen. Gelegentlich umrühren. Anschließend die Milch darüber gießen und stocken lassen. Zum Schluss mit Petersilie bestreuen.

Dazu schmeckt sehr gut frisches Bauernbrot.

Pfifferlingsgulasch

500 g Pfifferlinge

1 Scheibe geräucherter Speck

2 EL Butter

1 große Zwiebel

1 Knoblauchzehe

2 Tomaten

1 Paprikaschote

1 EL Mehl

¼ l heiße Brühe

⅛ l Weißwein (trocken)

⅛ l Sahne

Paprika, Curry, Pfeffer, Salz, Majoran,

Frühlingszwieberl

Die Eierschwammerl putzen und die Größeren durchschneiden. Die Zwiebel klein hacken, die Tomaten und die Paprikaschote waschen und in Würfel schneiden. Den Speck klein schneiden und im Topf gut 3 Minuten auslassen, Butter dazugeben und erhitzen. Die Zwiebel, den durchgepressten Knoblauch, die Pilze, Paprikaschote und Tomaten darin 10 Minuten schmoren. Mit etwas Mehl bestäuben und unter Rühren kurz rösten lassen. Mit Salz, Pfeffer, Paprika, Curry und etwas Majoran würzen. Mit der heißen Brühe und Weißwein ablöschen und bei kleiner Hitze 30 Minuten köcheln lassen. Bei Bedarf noch etwas Wein zugießen. Zum Schluss mit Sahne verfeinern und mit in Ringe geschnittenen Frühlingszwieberln und frischer Petersilie garnieren.

Porree im Schinkenmantel

Porree waschen, von den äußeren Blättern befreien und halbieren. Jede Hälfte mit einer Scheibe Schinken umwickeln und in eine ausgebutterte Auflaufform legen. Die Butter erhitzen, mit Mehl bestäuben, das Tomatenmark unterrühren und mit der Gemüsebrühe aufgießen. Die Soße mit 1 EL Ketchup, ½ Becher Sahne, Salz, Pfeffer, etwas geriebener Muskatnuss verfeinern und die Porree-Schinkenrollen damit übergießen. Zum Schluss mit geriebenem Bergkäse „zudecken" und bei 170°C 35 bis 40 Minuten im Backrohr garen.

Mit Petersilien- oder Kümmelkartoffeln servieren.

4 mitteldicke Stangen Porree
8 Scheiben Schinken

Für die Soße:
20 g Butter
2 EL Mehl
1 Dose Tomatenmark
¼ l Gemüsebrühe
1 EL Ketchup
½ Becher Sahne
Salz, Pfeffer, Muskatnuss
150 g Bergkäse

Rehragout

Für die Rotweinbeize:

750 ml Rotwein

250 ml Wasser

100 ml Weinessig

1 Zwiebel

3 Nelken

2 Gelbe Rüben

1 Stück Sellerie

Zitronenschale

6 Pfeffer- und Pimentkörner

5 Wacholderbeeren

3 Lorbeerblätter

Salz

1,5 kg Ragoutfleisch mit Knochen (Bug, Hals, Brust)

30 g Butter

1 Prise Zucker

4 EL Mehl

200 ml Brühe

500 ml Rotweinbeize

1 EL Johannisbeergelee oder Preiselbeermarmelade

Das Rehfleisch waschen sowie Haut und Sehnen entfernen. In einem großen Topf den Rotwein, das Wasser und den Essig mit allen Zutaten einmal aufkochen. Den Topf zum Abkühlen vom Herd nehmen. Das Fleisch dazulegen und 12 Stunden – am besten über Nacht – darin marinieren. Am nächsten Tag in der Rotweinbeize langsam erwärmen und ca. 2 Stunden leise köcheln lassen. Wenn sich an der Oberfläche Schaum bildet, diesen nicht sofort, sondern erst nach ca. 30 Minuten abschöpfen. Das Fleisch herausnehmen, von den Knochen lösen und in kleine Stücke schneiden. Von der Rotweinbeize 500 ml abseihen. In einem Topf die Butter erhitzen und mit dem Zucker bräunen. Das Mehl dazugeben und unter festem Rühren eine dunkle Einbrenne erstellen. Nach und nach mit der Brühe und der Beize aufgießen. Preiselbeermarmelade oder Johannisbeergelee dazugeben. Die fertige Soße noch 10 Minuten leise köcheln lassen. Dann das Fleisch unterrühren und – wenn nötig – noch mit Salz und Pfeffer abschmecken.

Rehschlegel, gedünstet, mit Teigknödel

In einem Topf den Rotwein und das Wasser mit allen Gewürzen langsam aufkochen und dann erkalten lassen. Das Fleisch fein häuten, in ein Gefäß (am besten eignet sich ein Steinguttopf) legen, mit der abgekühlten Beize übergießen und über Nacht einziehen lassen. Den Speck würfeln und das Suppengemüse putzen und klein schneiden. Das Fleisch herausnehmen, mit Küchenpapier gut abtrocknen und mit Salz und dem Wildgewürz einreiben. Auf dem Herd einen großen Topf bereitstellen und anwärmen. In einer Pfanne das Fett erhitzen, das Fleisch von beiden Seiten ca. 5–8 Minuten kräftig anbraten, herausnehmen und in den angewärmten Topf legen. Im gleichen Bratfett den Speck auslassen, das Gemüse leicht anrösten, mit dem Rotwein ablöschen und über das Fleisch gießen. Gemüsebrühe und soviel von der Beize dazugeben, dass das Fleisch bedeckt ist. Die Preiselbeeren unterrühren und die Brotrinde beigeben. Alles – bei kleiner Hitze – ca. 1 ¾ Stunden garen. Das Fleisch herausnehmen, vom Knochen lösen, in Scheiben schneiden und im Rohr warmstellen. Die Soße durchpassieren, erhitzen und mit einem Mehlteigerl leicht andicken. Mit Crème fraîche oder Sahne verfeinern.

Für den Teigknödel das Mehl in eine Schüssel sieben, die Eier, die Milch und das Salz dazugeben und mit dem Handquirl zu einem dicken „Pfannkuchenteig" verarbeiten. Die Semmeln klein würfeln und mit Hilfe eines Kochlöffels in den Teig einarbeiten. Es muss eine sehr feste Masse entstehen. Je nachdem, wie saugkräftig das Semmelbrot ist, zuerst einmal 7 Stück verarbeiten. Mindestens eine halbe Stunde einwirken lassen. Dann auf einem feuchten Brett den Knödelteig zu einem länglichen Wecken formen und in kochendes Salzwasser legen. Bei kleiner Hitze ca. 25 Minuten köcheln lassen. Mit Hilfe zweier Löffel den Knödel umdrehen und weitere 25 Minuten garen. Zum Servieren den Teigknödel in Scheiben schneiden.

Man kann natürlich aus dem Teig auch 8 runde Knödel formen, ins kochende Salzwasser legen und 30 Minuten ziehen lassen.

Fleischreste aufheben oder einfrieren und später zu einem Rehsülzerl (siehe Rezept) verarbeiten.

Für die Beize:
¾ l Rotwein
¼ l Wasser
2 EL Suppengrün, getrocknet
6 Wacholderbeeren
5 Pfefferkörner
3 Lorbeerblätter

Für den Braten:
1 kg Rehschlegel
30 g Butterschmalz
50 g geräucherter Speck
1 Bund Suppengemüse
¼ l Rotwein
300 ml Brühe
Beize
1 Päckchen Wildgewürz, gemahlen
1 EL Preiselbeeren
1 Stück Brotrinde
1 EL Crème fraîche

Für den Teigknödel:
7-8 Semmeln
150 g Mehl
3 Eier
200 ml Milch
1 Prise Salz

Rehspitzen mit Speck und Champignons, auf Schwarzbrot

Bei vier Personen ist dieses Gericht als Vorspeise gedacht.

200 g Rehspitzen
Salz
Pfeffer
Wildgewürzmischung, gemahlen
1 EL Butter
1 Scheibe geräuchertes Wammerl
1 Zwiebel
1 Glas Champignons
1 EL Sahne
Petersilie

Als Rehspitzen bezeichnet man die dünnen, zarten Filetstreifen an der Unterseite des Rehrückens. Die zwei Filets mit einem scharfen Messer vorsichtig abtrennen, in jeweils vier oder acht Stücke schneiden und etwas flach klopfen. Mit wenig Salz, Pfeffer und der Gewürzmischung einreiben. Den Backofen auf 150°C einstellen und vier Brote vorwärmen. In einer Pfanne die Butter erhitzen, die Rehspitzen auf beiden Seiten kurz anbraten – ca. ½ Minute – und auf die Brote legen. Anschließend das Wammerl in kleine Würfel schneiden und in der gleichen Pfanne mit der klein geschnittenen Zwiebel anrösten. Die Pilze dazugeben, gut vermischen und mit der Sahne verfeinern. Wenn nötig, mit etwas Salz und Pfeffer nachwürzen. Die Pilzmischung auf die Brote verteilen, mit Petersilie bestreuen und sofort servieren.

Rehsülzerl

300 g Rehfleischreste

1 Glas Wildfond (400 ml)

100 ml Rotwein

2 EL Madeira

2 EL Rotweinessig

Salz

Pfeffer

Cayennepfeffer

5 Essiggurken

5 in Essig eingelegte rote Paprika

1 Glas Champignons

1 TL Kapern

Die Rehfleischreste in Würfel oder Streifen, die Essiggurken in Scheiben, den Paprika ebenfalls in Streifen schneiden und die Champignons halbieren. In einem Topf den Wildfond, Rotwein, Rotweinessig und Madeira erwärmen. Mit Salz, Pfeffer und Cayennepfeffer würzen. 7 Blatt Gelatine 5 Minuten im kalten Wasser einweichen, leicht ausdrücken und bis zum Auflösen in die warme Flüssigkeit rühren. Eine Kuchen-Kastenform mit Frischhaltefolie so auslegen, dass an allen vier Seiten 10 cm übrig bleiben. Mit dem Schöpflöffel eine Schicht – ca. 1 cm hoch – eingießen und im Kühlschrank erstarren lassen. Hierauf das Fleisch mit allen Zutaten verteilen und mit dem restlichen Fond übergießen. Die Frischhaltefolie darüber spannen und über Nacht im Kühlschrank aufbewahren. Zum Servieren die Form auf eine Platte stürzen, vorsichtig abheben, die Folie entfernen und mit Petersilie garnieren.

Dazu passen Wildpreiselbeeren und geröstetes Weißbrot als Vorspeise oder Bratkartoffeln als Hauptgericht.

Rindfleisch, gekocht, mit Wirsing und Petersilienkartoffeln

800 g Rindfleisch (Brust, Kamm oder Hals
1 TL Salz
1 Zwiebel
5 Gelbe Rüben
1 Stange Porree
1 großes Stück Sellerie
5 Blätter Liebstöckl

1 Kopf Wirsing
30 g Butter
Salz
Muskatnuss
200 ml Brühe
100 ml Sahne

12 mittelgroße Kartoffeln
1 EL Butter
Salz
Petersilie

Die Zwiebel schälen und halbieren. Das Gemüse waschen bzw. putzen und in kleine Stücke schneiden. 2 l Wasser aufkochen, das Gemüse dazugeben und 20 Minuten köcheln lassen. Die Brühe salzen, das Fleisch dazulegen und 2 Stunden bei geringer Hitze garen. Das Fleisch herausnehmen, 10 Minuten ruhen lassen und in Scheiben schneiden.

Den Wirsing waschen, in einzelne Blätter teilen und diese in Streifen schneiden. Die Butter erhitzen, den Wirsing darin andünsten und mit der Brühe aufgießen. Mit Salz und etwas Muskatnuss würzen und 15 Minuten – bei kleiner Hitze – dünsten lassen. Bei zu viel Flüssigkeit mit etwas Mehl stäuben und mit Sahne verfeinern.

Die Kartoffeln im Dämpfer garen, etwas abkühlen lassen und schälen. In einem Topf die Butter erwärmen, geschnittene Petersilie und Salz dazugeben und die Kartoffeln darin schwenken.

Rindsgulasch

Das Rindfleisch in gleichgroße Stücke schneiden und mit Salz, Pfeffer und edelsüßem Paprika würzen. Die Zwiebeln schälen und grobwürfelig hacken. Die Knoblauchzehen durchpressen. In einem Topf das Fett stark erhitzen und die Fleischwürfel kräftig anbraten. Die Zwiebeln und den Knoblauch dazugeben und unter ständigem Rühren mitrösten. Das Tomatenmark unterrühren und mit Rotwein ablöschen. Den scharfen Paprika mit den restlichen Gewürzen beigeben und mit der Brühe aufgießen. Das Fleisch soll gut bedeckt sein. Bei kleiner Temperatur 2 bis 2 ½ Stunden – mit leicht geöffnetem Deckel – köcheln lassen. Wenn eine festere Konsistenz der Soße erwünscht ist, kann man sie mit einem Mehlteigerl (1 EL Mehl mit etwas Wasser verrühren) andicken.

800 g Rindsgulasch (Wadschinken, Bug)

50 g Schweineschmalz

300 g Zwiebeln

1 EL Tomatenmark

1 Glas Rotwein

½ l Fleischbrühe

2 Knoblauchzehen

1 TL Paprika, edelsüß

1 TL Paprika, scharf

1 Prise Kümmel, Majoran, Thymian, gemahlen

Salz

Pfeffer aus der Mühle

Rindsleber, sauer, mit Kartoffelbrei

**Für die
Sauere Leber:**

600 g Rindsleber

1 Zwiebel

2 EL Butter

1 EL Mehl

300 ml Brühe

2 EL Rotweinessig

1 EL Paprika

Salz

Pfeffer

Zucker

3 EL Sauerrahm

Die Leber in kleine Stücke und die geschälte Zwiebel in sehr dünne Ringe schneiden. Einige Zwiebelringe zur Seite legen. In einer Pfanne die Butter erhitzen und die Zwiebel darin anbraten. Die Leber zugeben, mit Mehl anstauben und unterrühren. Mit der heißen Brühe langsam nach und nach aufgießen. Den Essig zufügen und mit Paprika, Salz, Pfeffer und Zucker abschmecken. Noch ca. 5 Minuten köcheln lassen und zum Schluss mit dem Sauerrahm verfeinern.

Dazu schmeckt sehr gut Kartoffelbrei. Zum Garnieren die beiseite gelegten Zwiebelringe in Mehl wenden und in heißem Öl knusprig rösten.

**Für den
Kartoffelbrei:**

5 mittelgroße,
mehligkochende
Kartoffeln
(ca. 600 g)

¼ l Milch

2 EL Butter

Muskatnuss

Salz

Die Kartoffeln schälen, vierteln und in gesalzenem Wasser zusetzen. Einmal aufkochen und dann – bei kleiner Hitze – ca. 20 Minuten köcheln lassen. Das Wasser abgießen, die Kartoffeln mit dem Kartoffelstampfer zerkleinern, die Butter dazugeben und schmelzen lassen. Die Milch erhitzen und langsam zu der Kartoffelmasse geben. Dabei fest mit dem Schneebesen verrühren. Bei Bedarf noch etwas nachsalzen und mit etwas geriebener Muskatnuss würzen.

Rindsrouladen

Die Essiggurken und den Speck in Streifen, die Zwiebeln in Ringe schneiden. Eine Seite der Rouladen salzen und pfeffern. Die andere Seite mit scharfem Senf einstreichen und mit den Essiggurken, Zwiebeln und dem Speck belegen. Das Fleisch zusammenrollen und mit Bindfaden umwickeln.

In einer Pfanne das Butterschmalz erhitzen, die Rouladen in der Pfanne von allen Seiten anbräunen und in einen angewärmten Topf legen. Im gleichen Fett die übrig gebliebenen Zwiebeln und den Speck sowie eine klein geschnittene Zehe Knoblauch anrösten. Das Ganze mit dem Rotwein und heißer Brühe löschen und in den Topf gießen. Soviel Brühe aufgießen, dass die Rouladen knapp bedeckt sind. Bei kleiner Temperatur ca. 90 Minuten – zugedeckt – köcheln lassen. Die Rouladen herausnehmen und die Soße mit 1 EL Creme fraiche oder etwas Sahne verfeinern, durchpassieren und – wenn eine sämigere Konsistenz erwünscht ist – mit einem Mehlteigerl (1 EL Mehl mit etwas Wasser verrühren) andicken. Die Rouladen wieder in die Soße legen und mit Nudeln oder Reis servieren.

6 Rindsrouladen

Salz

Pfeffer

Senf (scharf)

3 Essiggurken

3 Scheiben Speck

2 Zwiebeln

2 EL Butterschmalz

300 ml Brühe

⅛ l Rotwein

1 EL Creme fraiche

Rindszunge, gedünstet

1 Rindszunge

1 l Brühe

1 Bund Suppengemüse

1 Zwiebel

3 Lorbeerblätter

5 Pfefferkörner

5 Wacholderbeeren

¼ l Rotwein

60 g Butter

2 EL Mehl

Kapern

Die Zunge waschen und in die kochende Brühe geben. Mindestens 2 Stunden köcheln lassen. Das Suppengemüse putzen und grob schneiden, die Zwiebel schälen und halbieren und mit den Lorbeerblättern, den Pfefferkörnern und den Wacholderbeeren zu der Brühe geben. Die fertige Zunge herausnehmen, etwas abkühlen lassen und die Haut abziehen. Wenn man das Fett nicht mag, entfernen und die Zunge in Scheiben schneiden.

In einem Topf die Butter erhitzen, unter ständigem Rühren das Mehl anrösten bis es leicht braun wird und mit Rotwein ablöschen. So viel von der abgeseihten Zungenbrühe aufgießen, dass beim Aufkochen eine leicht sämige Soße entsteht. Die Zunge wieder dazugeben, je nach Gusto, einige Kapern beilegen und bei kleiner Hitze noch 10 Minuten durchziehen lassen.

Vor dem Servieren mit Petersilie garnieren.

Saueres Kartoffelgemüse

500 g gekochte Kartoffeln (abgekühlt, am besten vom Vortag)

30 g Butter

1 Zwiebel

3 EL Mehl

1 TL Zucker

1 EL Essigessenz (oder 4 EL Essig)

¼ l Brühe

2 Lorbeerblätter

1 EL Kapern

Petersilie

Die Butter in einem Topf erhitzen und die klein gehackte Zwiebel darin andünsten. 1 TL Zucker dazugeben und mit dem Mehl eine helle Einbrenne herstellen. Mit dem Essig ablöschen und unter kräftigem Rühren soviel Brühe aufgießen, dass ein dickflüssiger Brei entsteht. Die Lorbeerblätter, die Kapern und die Petersilie dazugeben. Die Kartoffeln in kleine Scheiben schneiden und unter die Masse heben. Bei niedrigster Temperatur ca. 10 Minuten einwirken lassen und einige Male umrühren. Vor dem Anrichten die Lorbeerblätter wieder entfernen.

Dazu passt sehr gut gekochtes Suppenfleisch, wie auf unserer Abbildung. Das Sauere Kartoffelgemüse schmeckt aber auch zu Fleischkrapferln, Bratwürsten, Geschwollenen oder – wenn man fleischlose Kost bevorzugt – zu Spiegeleiern.

Schweinenacken gebraten, mit gemischten Schwammerln

800 g Schweinenacken	Mischschwammerl, z. B. Steinpilze, Pfifferlinge, Birkenpilze, Rotkappen und Maronen
100 ml Öl	
Salz	
Pfeffer	
Paprika	
Majoran	
Kümmel, gemahlen	
Rosmarin	
Lorbeer	

Den Schweinenacken in vier Portionsstücke teilen und in eine passende Schale legen. Das Öl mit allen getrockneten und geriebenen Gewürzen sowie dem Salz, Pfeffer und Paprika verrühren, über das Fleisch gießen und mindestens 1 Stunde darin marinieren.

Inzwischen die Schwammerl putzen und in Scheiben schneiden. In einer Pfanne etwas von dem gewürzten Öl aus der Marinade erhitzen und die Schweinenackenstücke auf jeder Seite 4 bis 5 Minuten braten. Das Fleisch im 100°C vorgeheizten Backrohr warmhalten. Im gleichen Fett die Pilze anrösten, etwas salzen und pfeffern, mit Petersilie garnieren und als Beilage mit servieren.

Schweinernes in Gemüseallerlei

2 EL Schweineschmalz

800 g Schweinefleisch

1 große Zwiebel

1 Knoblauchzehe

1 Stange Porree

2 Paprikaschoten (gelb u. grün)

5 Tomaten, geschält

200 g Bohnen

1 Dose Champignons, ganze

¼ l Weißwein

½ l Brühe

1 EL Senf, scharf

1 TL Curry

100 ml Sahne

Schweinefleisch in mundgerechte Stücke teilen, in eine Schüssel legen und mit wenig Salz, Pfeffer und Paprika würzen. Die Zwiebel und die Knoblauchzehe schälen und klein hacken. Das Gemüse waschen und trocknen. Die Paprikaschoten würfeln, die Bohnen in ca. 2 cm große Stücke sowie den Porree in Ringe schneiden. Die Tomaten kreuzweise einschneiden, 5 Minuten mit der Schnittfläche nach unten in sehr heißes Wasser legen, herausnehmen, abschälen und vierteln. Die Champignons abseihen. In einem großen Topf das Fett erhitzen. Das Fleisch mit der Zwiebel und dem Knoblauch gut anbraten, mit dem Weißwein ablöschen und die Brühe zugießen. Senf und Curry unterrühren und auf kleiner Hitze 30 Minuten köcheln lassen. Das restliche Gemüse dazugeben und weitere 40 Minuten garen. 10 Minuten vor Ende der Kochzeit die ganzen Champignons beigeben und mit der Sahne verfeinern. Bei Bedarf mit einem Mehlteigerl leicht andicken.

Schweinsbraten

1 kg Schweinefleisch von
der Schulter

750 g gut
durchwachsenes
Wammerl

(beide Fleischstücke
jeweils mit Schwarte,
diese am besten
gleich beim Metzger
rautenförmig
einschneiden lassen)

Salz

Pfeffer

1 TL Kümmel

2 mittelgroße Zwiebeln

2 Knoblauchzehen

ca. ¼ l Brühe

ca. ¼ l Bier

(die Mengenangaben
sind für acht
Personen gedacht)

Am Vorabend das Fleisch kräftig mit Salz, Pfeffer und den durchgepressten Knoblauchzehen einreiben, mit der Schwarte nach unten in eine Bratrein legen und mit den würfelig geschnittenen Zwiebeln und dem Kümmel belegen. Das Ganze mit einem passenden Deckel oder mit Alufolie zudecken, an einen kühlen Ort stellen, damit die Würze einige Stunden einziehen kann. Zum Braten das Backrohr auf 250°C vorheizen. Ein Glas Wasser zum Fleisch gießen (damit die Schwarte weich bleibt) und in das Rohr schieben. Nach ca. 30 bis 35 Minuten (wenn das Wasser verdunstet ist und die Zwiebeln angebräunt sind), das Fleisch umdrehen und mit Brühe aufgießen. Die Temperatur auf 220°C reduzieren. Nach weiteren 20 Minuten mit Bier begießen und dabei das Fleisch mit der vorhandenen Bratflüssigkeit einpinseln. Den Braten mit dem restlichen Bier und der Brühe – in Abständen von ca. 10 bis 15 Minuten – immer wieder ein wenig aufgießen und einstreichen, damit er saftig bleibt. Die Schwarte darf nicht mehr mit Flüssigkeit benetzt werden, damit sie knusprig wird. Nach gut zwei Stunden den Braten herausnehmen und warmstellen. Für die Soße die Bratflüssigkeit in einen Topf gießen, die Bratrein mit einem Schöpfer Knödelwasser (oder heißem Wasser) „ausspülen", mit dem Pinsel den Bratrand ablösen und zur Soße geben.

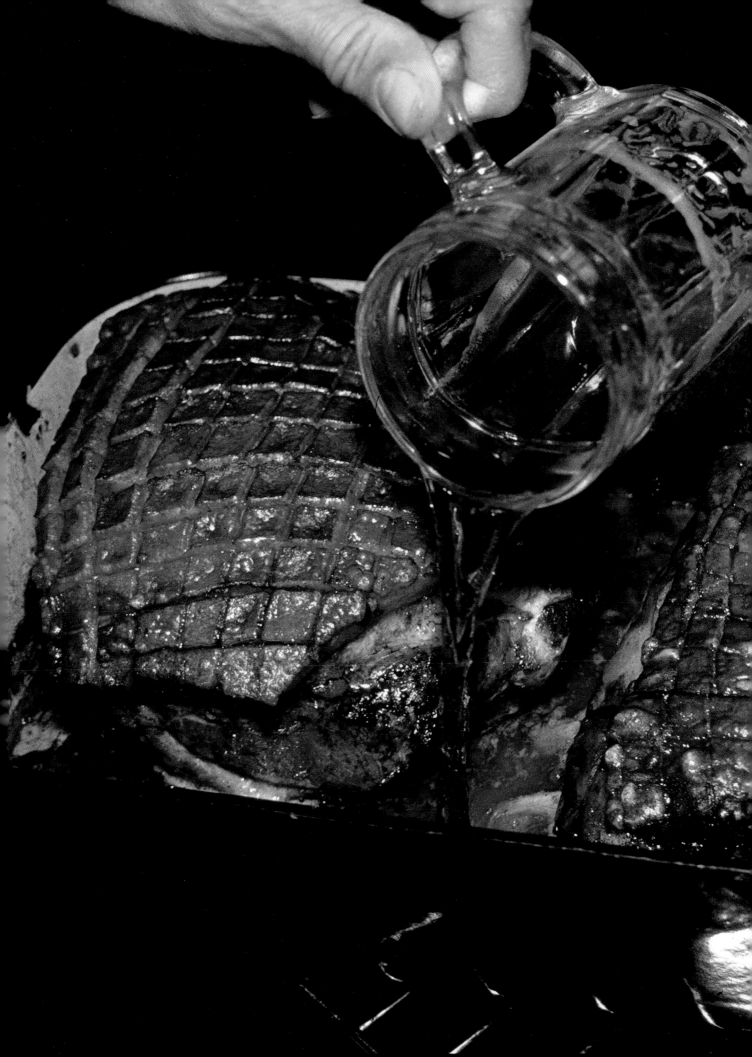

Schweinsfilet in pikant-scharfe Soße

600 g Schweinefilet
(ergibt 12 Stück)

12 Scheiben hell
geräuchertes Wammerl

1 Becher Sahne

300 ml Brühe

2 Dosen Tomatenmark

300 g geschälte Tomaten

2 EL Tomatenketchup

2-3 Knoblauchzehen, gepresst

Paprika, Chili, Salz,
Pfeffer, Rosmarin,
Basilikum
(statt Chili kann man
auch Cayennepfeffer
verwenden)

Semmelbrösel

Parmesan

Butterflöckchen

Filet in ca. 1 cm dicke Scheiben schneiden, mit einer Scheibe Speck umwickeln und in eine Auflaufform legen. Die geschälten Tomaten würfeln. Die Brühe mit der Sahne und den Kräutern erhitzen, mit den Gewürzen abschmecken und heiß über die Filets gießen.
Mit Semmelbröseln und Parmesan bestreuen, Butterflöckchen darauf setzen und bei 180°C ca. 40 Minuten im Backofen garen.

Geschälte Tomaten kann man auch aus der Dose verwenden. Diese sind im Geschmack sogar intensiver und sie vereinfachen zudem die Zubereitung.

Spargel mit Bärlauchsoße

	Bärlauchpesto:
20 Stangen Spargel	200 g Bärlauch
2 TL Salz	300 ml Olivenöl
1 TL Zucker	100 g Parmesan, gerieben
20 g Butter	50 g Walnüsse, gemahlen
2 EL Bärlauchpesto	Salz
½ Zwiebel	Pfeffer
1 EL Butter	
1 EL Mehl	
100 ml Weißwein	
100 ml Brühe	

Den Spargel schälen. In einem Topf 2 l Wasser mit Butter, Salz und Zucker aufkochen lassen. Den Spargel dazugeben, noch einmal aufkochen und – je nach Dicke des Spargels – 15 bis 20 Minuten köcheln lassen.

Für die Soße in einem kleinen Topf die Butter erhitzen, die klein gehackte Zwiebel leicht andünsten, mit Mehl stäuben und unter kräftigem Rühren mit Wein und Brühe aufgießen. 2 EL Bärlauchpesto untermischen und – bei Bedarf – mit Salz und Pfeffer abschmecken.

Ende April wird der frische Bärlauch gesammelt und mit den restlichen Walnüssen vom Nikolaus – man kann auch Pinienkerne, leicht geröstet, verwenden – als Pesto verarbeitet:
Den Bärlauch klein schneiden und in ein hohes Gefäß geben. 300 ml Olivenöl darübergießen und mit dem Zauberstab pürieren. Mit dem Kochlöffel den Parmesan und die Walnüsse einrühren und mit Salz und Pfeffer abschmecken. Das Pesto in Gläser füllen. Bei kühler und dunkler Lagerung ist es mindestens 6 Monate haltbar.

Speckknödel
mit Sauerkraut

Den geräucherten Speck in kleine Würfel
schneiden und in der Pfanne leicht anrösten.
Das Mehl in eine Schüssel sieben und salzen.
Die Eier mit der Milch verquirlen und langsam
in das Mehl rühren bis ein fester Teig entsteht.
Mit feuchten Händen die Knödel formen, einen EL voll Speck in die Mitte einarbeiten und
in kochendes Salzwasser legen. Nach 2 Minuten die Knödel mit dem Kochlöffel vorsichtig
vom Boden lösen und weitere 8 Minuten kochen lassen. Dann, bei mittlerer Temperatur,
noch 20 Minuten – halb zugedeckt – garen.

500 g Mehl

1 Prise Salz

3 Eier

ca. 200 ml Milch

3 Scheiben durchwachsenen Speck,
geräuchert

Steinpilzsoße mit Semmelknödel

1 kg Steinpilze

40 g Butter

1 Zwiebel

Salz

Pfeffer

ümmel, gemahlen

400 ml Brühe

etwas Zitronensaft

100 ml Sahne

1 EL Petersilie

Die Schwammerl putzen und in Scheiben schneiden. Die Zwiebel schälen und klein hacken. In einem Topf die Butter erhitzen, die Zwiebel darin andünsten und die Pilze dazugeben. Mit Salz, Pfeffer und etwas Kümmel würzen. Die Brühe aufgießen und alles – bei kleiner Hitze – 15 Minuten köcheln lassen. Mit einem Spritzer Zitronensaft und der Sahne abschmecken. Mit Petersilie bestreuen. Bei Bedarf mit einem Mehlteigerl leicht andicken.

Für die Semmelknödel:

8 alte Semmeln

2 Eier

200 ml Milch, heiß

Salz

Petersilie

Die Semmeln in dünne Scheiben schneiden, in eine Schüssel geben und mit der heißen Milch übergießen. 20 bis 30 Minuten einweichen lassen. Die Eier dazugeben und alles gut verkneten. Mit Salz abschmecken und zum Schluss etwas gehackte Petersilie dem Teig untermischen. 8 mittelgroße Knödel formen und in kochendes Salzwasser legen. Bei kleiner Hitze – halb zugedeckt – 20 Minuten ziehen lassen.

Sulz, hausgemacht

1 kg Schweinefleisch (Wammerl oder Hals)

500 g Schweinsfüße, geteilt

1 TL Salz

1 Prise Zucker

1 Tasse Essig

1 Zwiebel

3 Lorbeerblätter

6 Wacholderbeeren

1 TL Pfefferkörner

1 TL Senfkörner

1 Bund Suppengrün

Eier

Essiggurken

Tomaten

Petersilie

Das Fleisch waschen. Das Suppengrün putzen, in größere Teile schneiden und die Zwiebel schälen und halbieren. Alle Zutaten in einen großen Topf geben und mit soviel Wasser aufgießen, bis alles bedeckt ist. Einmal aufkochen lassen und bei kleiner Hitze 2 Stunden leicht köcheln lassen. Das Fleisch aus dem Sud nehmen und diesen abseihen. Noch einmal abschmecken und bei Bedarf noch etwas Essig nachgießen (Der warme Sud muss gut gewürzt sein, da er nach dem Erkalten im Geschmack stark nachlässt). Den Topf einige Stunden – am besten über Nacht – kalt stellen. Das sich oben auf dem Sud angesammelte Fett abnehmen und den Sulzstand wieder leicht erwärmen. Das Fleisch in Scheiben schneiden, in die Teller verteilen und mit Essiggurken, hart gekochten Eiern, Tomaten und Petersilie garnieren. Den lauwarmen Sud vorsichtig darüber gießen und mindestens 2 Stunden kalt stellen.

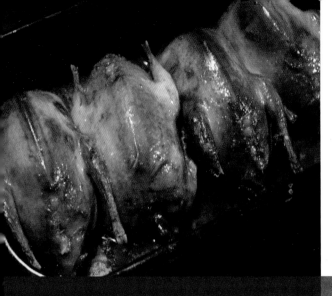

Täubchen, gefüllt und gebraten

Den Ofen auf 200°C vorheizen. Die Täubchen waschen und trocknen. Mit Salz und Pfeffer innen und außen würzen. Für die Füllung die Semmeln aufschneiden und mit der heißen Brühe übergießen. Die Leber und Herzen sowie die Zwiebel und etwas Petersilie fein hacken und untermischen. Mit Salz und etwas Paprika abschmecken und die Täubchen damit füllen. Mit Holzstäbchen zustecken oder mit Küchenfaden zunähen. Die Speckscheiben über die Brustseite legen, Schenkel und Flügel darunter stecken und zusammenbinden. In einer Bratrein die Butter zergehen lassen, die Täubchen darin wenden und – mit der speckumwickelten Brust nach oben – 25 Minuten im Rohr braten. Mit der Brühe aufgießen, die Temperatur auf 180°C reduzieren und weitere 25 Minuten garen. Von den Täubchen den Speck entfernen und weitere 10 Minuten bräunen lassen. Die fertigen Täubchen herausnehmen und warmstellen. Die Soße abgießen und den Bratensatz mit 100 ml Bier lösen, zur Soße geben und vor dem Servieren nochmal erhitzen.

Dazu passen Serviettenknödel oder Fingernudeln mit Blaukraut oder Salat.

4 Täubchen, küchenfertig	**Für die Füllung**
Salz	2 alte Semmeln
Pfeffer	50 ml Brühe
8 Scheiben durchwachsener, geräucherter Speck	4 Taubenleber und -herzen
1 EL Butter	½ Zwiebel
200 ml Brühe	Petersilie

Waller, gebraten

Die Fischstücke kalt abbrausen und abtrocknen. Mit Zitronensaft beträufeln, salzen, pfeffern und die Würze einwirken lassen. Das Backrohr auf 120 °C vorwärmen. In einer Pfanne das Speiseöl erhitzen und die Fisch-Portionsstücke auf beiden Seiten – bei mittlerer Hitze – 3 Minuten anbraten. Die Wallerstücke in eine vorgewärmte feuerfeste Form legen, mit zerlassener Butter einstreichen und im Rohr fertig garen.

Inzwischen das Gemüse putzen und in Scheiben schneiden. Das Öl in der Pfanne erhitzen, den würfelig geschnittenen Speck darin auslassen, die fein gehackte Zwiebel und das Gemüse mit andünsten und mit Weißwein (es kann auch Brühe verwendet werden) ablöschen. Mit Salz und Pfeffer abschmecken und ca. 10 Minuten leicht köcheln lassen. Zum Schluss mit Petersilie garnieren.

Den Reis nach Packungsanleitung garen. In einer Pfanne einen EL Butter erwärmen, Curry dazugeben und den abgetropften Reis darin schwenken.

4 Waller-Portionsstücke
je 200 g

Zitrone

Salz

Pfeffer

Olivenöl

2 EL Butter

2 EL Olivenöl

6 Gelbe Rüben

1 Kohlrabi

1 Stange Porree

1 Zwiebel

1 Scheibe geräuchertes
Wammerl

⅛ l Weißwein

Petersilie

Reis

1 EL Butter

Curry

Wildente,
gefüllt und gebraten

2 Wildenten, küchenfertig

6 Scheiben durchwachsener,
geräucherter Speck

Salz

Pfeffer

Thymian, getrocknet

1 EL zerlassene Butter

½ Zwiebel

1 Knoblauchzehe

200 ml Brühe

150 ml Bier, hell

Für die Füllung:

2 alte Semmeln

50 ml Brühe

2 Wildentenleber und -herzen

½ Zwiebel

Petersilie

Den Ofen auf 220 °C vorheizen. Die Enten innen und außen salzen, pfeffern, mit Thymian einreiben und mit der Butter bepinseln. Für die Füllung die Semmeln aufschneiden und mit der heißen Brühe übergießen. Die Leber und Herzen sowie die Zwiebel und etwas Petersilie fein hacken und untermischen. Mit Salz und etwas Paprika abschmecken und die Enten damit füllen. Die Öffnung mit Küchenfaden zunähen. Die Speckscheiben über die Brustseite legen, Schenkel und Flügel darunter stecken und zusammenbinden. In einer Bratrein die Butter zergehen lassen, die Enten darin wenden und – mit der speckumwickelten Brust nach unten – 15 Minuten im Rohr braten. Die Enten umdrehen, mit der Brühe und dem Bier aufgießen, die Temperatur auf 180 °C reduzieren und unter häufigem Bepinseln mit dem Bratfond weitere 45 Minuten garen. Von den Enten den Speck entfernen und noch 10 Minuten bräunen lassen. Die fertigen Enten herausnehmen und warmstellen. Den Bratensatz von der Rein lösen und die Soße abgießen. Bei Bedarf noch mit etwas Bier auffüllen und erwärmen.

Dazu passen gut Knödel und Sauerkraut.

Wildschwein-Rollbraten mit Serviettenknödel

Die Zutaten für die Beize aufkochen und wieder abkühlen lassen. Das Fleisch aufrollen, mit Kochspagat zusammenbinden und 12 bis 24 Stunden in die abgekühlte Beize legen. Wenn das Fleisch nicht ganz von der Flüssigkeit bedeckt ist, muss es einige Male gewendet werden. Das Fleisch herausnehmen, trockentupfen und mit Salz und der Gewürzmischung einreiben. Den Ofen auf 200 °C vorheizen. Das Fett in der Pfanne erhitzen, das Fleisch auf allen Seiten anbraten und in den vorgewärmten Bräter legen. Im gleichen Fett den gewürfelten Speck auslassen, die klein gehackte Zwiebel und das geschnittene, frische Gemüse anbraten, mit dem Rotwein ablöschen und mit der Brühe aufgießen. Die Preiselbeeren unterrühren und alles über das Fleisch geben. Die Brotrinde dazulegen, den Deckel auf den Bräter setzen und im Backofen (je nach Alter des Tieres) 2 bis 2 ½ Stunden schmoren lassen. Nach gut einer Stunde das Fleisch wenden. Den fertigen Wildschweinbraten herausnehmen und im offenen, abgeschalteten Ofen warm stellen. Die Soße durch ein Sieb passieren, mit Creme fraiche verfeinern und bei Bedarf mit einem Mehlteigerl leicht andicken.

Die Semmeln aufschneiden. Die Eier mit der Milch verquirlen und die Semmeln damit einweichen. Die Butter flöckchenweise darauf verteilen. Die Masse zudecken und einige Stunden durchziehen lassen. Anschließend den Teig durchkneten und mit 1 EL Mehl stäuben. Salz und gehackte Petersilie untermischen. Eine große Stoffserviette ausbreiten, den Semmelteig zu einer Rolle formen und darin einwickeln. Die beiden Enden mit einem Faden zubinden. Den Knödel in reichlich kochendes Salzwasser legen, die beiden Enden links und rechts aus dem Topf hängen lassen und mit dem Topfdeckel halten. Bei mittlerer Hitze ca. 45 Minuten garen.

Für die Beize:

¾ l Rotwein (trocken)

¼ l Wasser

3 EL Suppengrün (getrocknet)

½ Zwiebel

10 Wacholderbeeren

3 Lorbeerblätter

5 Pfefferkörner

Für den Braten:

1 kg Wildschwein von der Schulter

Salz

Wildgewürzmischung, gemahlen

50 g Fett Butterschmalz

1 Scheibe durchwachsenen Speck, geräuchert

1 Zwiebel

1 Gelbe Rübe

1 Stange Porree

1 Stück Sellerie

Petersilie

¼ l Rotwein (trocken)

½ l Brühe

1 EL Preiselbeeren

1 Stück Brotrinde

2 EL Creme fraiche

Für den Serviettenknödel:

8 alte Semmeln

5 Eier

knapp ⅛ l Milch

1 EL Butter

Zigeunerbraten

Die Zwiebel schälen und in dünne Ringe schneiden. Die Knoblauchzehe durchpressen und die Paprikaschoten würfeln. Das Rindfleisch mit einer Gewürzmischung aus Salz, Pfeffer, Kümmel und Majoran einreiben. In einem entsprechend großen Topf die Butter mit dem Olivenöl erhitzen, das Fleisch auf allen Seiten anbraten, herausnehmen und warm stellen. Inzwischen die Zwiebel, den Knoblauch sowie die Paprikaschoten andünsten, mit Rotwein ablöschen und mit der Brühe aufgießen. Das Tomatenketchup einrühren und etwas Cayennepfeffer – je nach gewünschter Schärfe – einstreuen. Das Fleisch wieder dazugeben, die Hitze reduzieren und zugedeckt 2 Stunden leicht köcheln lassen. Das Fleisch herausnehmen, etwas ruhen lassen und in Scheiben schneiden. Die Soße mit Crème fraîche verfeinern und – bei Bedarf – mit einem Mehlteigerl andicken.

Dazu passen Nudeln oder Reis.

1 kg Rinderbraten (Oberschale)

Salz

Pfeffer

Kümmel, gemahlen

Majoran, getrocknet

40 g Butter

3 EL Olivenöl

150 ml Rotwein

350 ml Brühe

1 Zwiebel

1 Knoblauchzehe

1 Paprikaschote, grün

1 Paprikaschote, rot

Cayennepfeffer

2 EL Tomatenketchup

1 EL Crème fraîche

Mehl- und Süßspeisen

Apfel im Schlafrock

1 Pckg. TK-Blätterteig

4 kleine Äpfel

4 EL Rosinen

15 Mandeln, geschält

2 EL Johannisbeergelee

1-2 Eigelb

Schlagsahne nach Belieben

Mehl zum Ausrollen

Den Backofen auf 175°C vorheizen. Die Blätterteigplatten auf ein bemehltes Strudelbrett legen. Laut Angabe auftauen lassen und – wenn nötig – noch etwas rechteckig ausrollen. Für die Füllung die Mandeln grob hacken, mit den Rosinen und dem Johannisbeergelee vermischen. Die Äpfel schälen, das Kerngehäuse ausstechen und die ausgehöhlten Äpfel füllen. Die Äpfel auf die Teigstücke stellen und die Ecken darüber zusammenschlagen. Den Teig mit dem Eigelb bepinseln und oben mit ganzen Mandeln verzieren. Im Backofen etwa 30 Minuten backen, bis der Teig schön goldgelb ist.

Apfelradln

4 Äpfel, säuerlich

200 g Mehl

¼ l Milch

3 Eier

Zitronensaft

1 Prise Salz

Butterschmalz

Zucker und Zimt

Die Äpfel schälen, das Kerngehäuse ausstechen und in jeweils vier, etwa 1 cm dicke Scheiben schneiden. Mit etwas Zitronensaft beträufeln. Die Eier trennen. Das Eiweiß mit der Prise Salz zu steifem Schnee schlagen. Das Eigelb mit der Milch schaumig rühren, das Mehl dazugeben und zu einem zähflüssigen Teig verarbeiten. 30 Minuten quellen lassen. Den Teig nochmals durchrühren und den Eischnee unterheben. In einer Pfanne reichlich Butterschmalz erhitzen, die Apfelradln in den Teig tauchen und auf beiden Seiten goldbraun ausbacken. Herausnehmen und auf Küchenpapier abtropfen lassen. Mit Zimt und Zucker servieren.

Apfelstrudel, ausgezogener

250 g Mehl – und Mehl
zum Ausrollen –

2 EL Butter

1 Ei

1 Prise Salz

⅛ l Wasser, lauwarm

1 EL Öl

Füllung:

1 kg Äpfel, säuerlich

1 Zitrone

2 EL Butter

50 g Zucker

½ TL Zimt

2-3 EL Semmelbrösel

Den Ofen auf 175°C vorheizen. Das Mehl in eine Schüssel füllen. Die Butter ins lauwarme Wasser legen, mit den übrigen Zutaten zum Mehl geben und mit dem Handquirl ganz kurz verrühren. Auf einem bemehlten Nudelbrett die Masse mit der Hand zu einem geschmeidigen Teig verarbeiten. Diesen in zwei Teile trennen, mit Öl einpinseln, mit Folie abdecken und mindestens eine halbe Stunde rasten lassen. Inzwischen die Äpfel schälen, vierteln und feinblättrig schneiden. Mit dem Saft einer Zitrone beträufeln, Zucker und Zimt dazugeben und etwas einwirken lassen. Den Strudelteig auf einer bemehlten „Strudeldecke" dünn ausziehen, die Butter schmelzen und mit dem Pinsel auf den Strudelteig streichen, Semmelbrösel darüber streuen und die Hälfte der Äpfel gleichmäßig verteilen. Das Backblech mit Öl oder flüssiger Butter einfetten. Die Strudeldecke anheben und damit den Strudel zusammenrollen, auf das Blech legen und mit flüssiger Butter bestreichen. Mit der zweiten Hälfte ebenso verfahren und 45 Minuten backen. Etwas abkühlen lassen und mit Puderzucker bestreuen.

Falls der zweite Strudel nicht benötigt wird, eignet sich der Teig auch gut zum Einfrieren. Dann reichen 500 g Äpfel. Beim Heidelbeerstrudel verwenden wir den gleichen Teig.

Eierlikörkuchen

5 Eier

150 g Zucker

180 g Mandeln

30 g Kakao

1 Msp. Zimt

1 EL Rum

3 EL Wasser

2 TL Backpulver

250 ml Sahne

2 Sahnesteif

100 ml Eierlikör

Die Eier trennen. Das Eigelb mit dem Handquirl – unter löffelweiser Zugabe von Zucker – schaumig rühren. Mandeln und Kakao einarbeiten. Zimt, Rum, Wasser und Backpulver dazugeben. Das Eiweiß sehr steif schlagen und unter die Eigelbmasse heben. Eine runde Kuchenform einfetten, den Teig hineingeben und bei 175 °C ca. 40 Minuten backen. Den Kuchen aus der Form nehmen und abkühlen lassen. Die Sahne unter Zugabe von Sahnesteif schlagen und einen Teil davon auf den Kuchen streichen. Aus der restlichen Sahne mit Hilfe einer Spritztüte einen Rand bilden, damit der Eierlikör eingekreist wird. Diesen von der Mitte aus auf den Kuchen gießen und durch leichtes Schwenken der Kuchenplatte auf der Sahne gleichmäßig verteilen.

Erdbeer-Rhabarber-Pudding

500 g Erdbeeren
500 g Rhabarber
100 g Zucker
125 ml Milch
200 ml Wasser
1 Vanillezucker
1 Vanillepuddingpulver

Die Erdbeeren waschen, halbieren oder vierteln, in eine Schüssel füllen und mit Vanillezucker mischen. Einige davon zum Dekorieren beiseite legen. Den Rhabarber schälen, in kleine Stücke schneiden, in einen Topf geben und mit Zucker vermischen. Das Wasser zufügen und einmal kräftig sprudelnd aufkochen. Umrühren und bei mittlerer Temperatur noch ca. 2 Minuten weichkochen. Einige Rhabarberstücke zum Garnieren beiseite legen. Das Vanillepuddingpulver in eine Schüssel schütten und mit einem Schneebesen die Milch unterrühren, bis keine Klümpchen mehr vorhanden sind. Den Rhabarber mit dem angerührten Puddingpulver binden, unter Rühren kurz aufkochen und zu den Erdbeeren in die Schüssel gießen. Die Erdbeeren unterheben und die Fruchtmasse auf vier Dessertgläser verteilen oder in eine große Schale umfüllen. Den Erdbeer-Rhabarber-Pudding abkühlen lassen und 2 Stunden in den Kühlschrank stellen. Vor dem Servieren mit Erdbeeren, Rhabarberstückchen und Minze garnieren.

Fingernudeln

750 g gekochte
Kartoffeln, mehlige

150-180 g Mehl

1 Prise Salz

1 Ei

60 g Butterschmalz

Das Backrohr auf 175°C vorheizen. Die gut ausgekühlten, ge-kochten Kartoffeln durchpressen und mit dem Mehl locker ver-mischen. Mit einer Prise Salz und 1 Ei zu einem glatten Teig ver-kneten. Mit bemehlten Händen fingerdicke Rollen formen, davon kleine Nudeln abschneiden. In einer Bratrein das Butterschmalz erwärmen, die Fingernudeln zweireihig einlegen und 30 bis 40 Minuten backen.

Fingernudeln schmecken gut mit Apfelmus, mit Sauerrahm oder mit Sauerkraut.

Gebackener Holler (Holunder)

12 Holunderblütendolden

200 g Mehl

2 EL Öl

1 Prise Salz

2 Eier

¼ l Milch

Butterschmalz

Die Holunderblüten ernten und vorsichtig abschütteln. Die Eier trennen. Das Eiweiß zu festem Schnee schlagen. Das Mehl in eine Schüssel sieben, salzen und mit der Milch zu einem dickflüssigen Teig rühren. Eigelb und Öl unterrühren und zuletzt den steif geschlagenen Eischnee unterziehen. In der Pfanne das Butterschmalz erhitzen, die Blütendolden durch den Backteig ziehen und in heißem Fett schwimmend, goldgelb ausbacken. An den Stielen herausnehmen, auf Küchenpapier abtropfen lassen und mit Zucker bestreut servieren.

Gedeckter Apfelkuchen

Die Äpfel schälen, das Kerngehäuse entfernen und feinblättrig schneiden. Mit dem Saft einer halben Zitrone beträufeln, mit Zucker und Zimt süßen und etwas einwirken lassen. Das Mehl mit dem Backpulver in eine hohe Schüssel geben, die übrigen Zutaten darauf verteilen, zuletzt die in Flöckchen zerteilte, streichfähige Butter dazugeben. Alles mit dem Knethaken auf niedriger Schaltstufe einige Minuten verkneten und auf höchster Stufe kurz durcharbeiten. Den Teig 30 bis 40 Minuten kühl ruhen lassen. Das Backblech mit Butter einpinseln, knapp ²/₃ des Teiges dünn darauf ausrollen und reichlich mit Äpfel belegen. Aus dem übrigen Teig dünne Rollen formen und gitterförmig über die Äpfel legen. Bei 175 °C 25 bis 30 Minuten backen.

1 kg Äpfel

Zitronensaft

Zimt und Zucker

500 g Mehl

1 Backpulver

250 g Butter

200 g Zucker

2 Eier

Gedünsteter Apfel
mit Schneehauberl

4 Äpfel, mittelgroß

⅛ l Weißwein, trocken

100 ml Wasser

2 EL Zitronensaft

5 Nelken

4 EL Zucker

1 Vanillinzucker

4 EL Schlagsahne

4 Schokokugeln

Die Äpfel schälen, das Kerngehäuse entfernen, vierteln und mit allen Zutaten – außer Sahne und Schokokugeln – in einem Topf weichdünsten. Die Nelken entfernen und das Apfelmus in Dessertgläser verteilen. Nach dem Erkalten mit der Schlagsahne und den Schokokugeln verzieren.

Gschamigs Madl

½ l Buttermilch

Saft einer Zitrone

50 g Puderzucker

250 g Sahne

250 g Himbeeren

5 Blatt Gelatine

2 Vanillezucker

Einige Himbeeren zum Garnieren beiseite legen. Die restlichen mit dem Puderzucker vermischen und 20 Minuten leicht köcheln lassen. Durch ein Sieb passieren. Die Buttermilch mit dem Zitronensaft, dem Puderzucker und den durchpassierten Himbeeren verrühren. Gelatine nach Anweisung auflösen und unter die Buttermilch rühren. Die Sahne mit dem Vanillezucker steif schlagen und unterheben. Die Masse in Gläser füllen und kühl stellen. Vor dem Servieren mit Himbeeren garnieren.

Guglhupf-Marmorkuchen

Das Backrohr auf 175 °C vorheizen. Das Fett mit dem Handquirl sahnig rühren, nach und nach Zucker, Eier und Gewürze dazugeben. Das mit Backpulver gemischte Mehl portionsweise – abwechselnd mit der Milch – hinzufügen. Eine gefettete Guglhupfform mit etwa ²/₃ des Teiges füllen. Den restlichen Teig mit Kakao und Rum verrühren, auf dem hellen Teig verteilen, mit einer Gabel so durchziehen, dass sich heller und dunkler Teig an der Übergangsstelle zu Mustern vermischen. Bei 175 °C 60 bis 70 Minuten backen. Den fertigen Kuchen leicht abkühlen lassen, den Rand mit einem stumpfen Messer etwas lösen und aus der Form – zum Erkalten – auf ein Kuchengitter stürzen. Mit Puderzucker bestreuen.

250 g Butter oder Margarine
250 g Zucker
1 Päckchen Vanillezucker
4 Eier
Schale einer halben Zitrone
500 g Mehl
1 Päckchen Backpulver
⅛ l Milch
2-3 EL Kakao
2 EL Rum
Puderzucker

Hefezopf (Striezel)

500 g Mehl
40 g Hefe
80 g Zucker
80 g Butter
3 Eigelb
200 ml Milch
1 Prise Salz
60 g Rosinen
3 EL Rum
1 Msp. Vanillemark
1 Msp. abgeriebene
Zitronenschale

Die Milch leicht erwärmen und in eine Schüssel schütten. Die Hefe zerbröckeln und in der Milch auflösen. Mehl, Zucker, Eigelb, Salz, Vanillemark und Zitronenschale dazugeben und mit dem Knethaken des Handquirls oder der Küchenmaschine zu einem Teig verarbeiten. Die weiche Butter hinzufügen und den Teig so lange bearbeiten, bis er sich vom Schüsselrand löst. Zugedeckt an einem warmen Ort ca. 30 Minuten gehen lassen, bis sich das Volumen verdoppelt hat. Die Rosinen in ein Schälchen geben und in Rum einweichen. Den Teig noch einmal kurz durchkneten und weitere 30 Minuten – abgedeckt – gehen lassen. Ihn nochmals etwas kneten, die Rosinen abgießen und dazugeben. Den Teig in ⅔ und ⅓ teilen. Mit dem größeren Teil drei Stränge bilden und daraus einen Zopf flechten. Diesen auf ein eingefettetes Backblech legen und mit verquirltem Eiweiß bestreichen. Vom restlichen Teig aus zwei Strängen einen kleineren Zopf flechten und den auf den größeren setzen. Nochmals 20 Minuten gehen lassen, mit zerlassener Butter bestreichen und bei 180 °C ca. 35 Minuten goldgelb backen.

Heidelbeerauflauf

2-3 Eier

60 g Butter

150 g Honig

abgeriebene Schale
einer ½ Zitrone

1 TL Vanillezucker

200 g Mehl

2 TL Backpulver

200 g Kefir

500 g Waldheidelbeeren

Butter für die Form

Die Eier trennen und das Eiweiß steif schlagen. Die Butter mit Honig, Eigelb, Zitronenschale und Vanillezucker schaumig rühren. Das Mehl mit dem Backpulver mischen und – abwechselnd mit dem Kefir – nach und nach unterrühren. Den Teig ca. 15 Minuten quellen lassen. Eine Auflaufform reichlich mit Butter einfetten. Den Eischnee unter den Teig ziehen und die Hälfte der Heidelbeeren vorsichtig unterheben. Den Teig in die Form füllen, den Rest der Heidelbeeren darauf verteilen und bei 175°C etwa 35 Minuten backen.

Johannisnüsse
(Schwarze Nüsse)

500 g grüne Walnüsse

600 g Zucker

2 Nelken

1 Zimtstange

Schale von einer unbehandelten Zitrone

Die Nüsse (sie sollen am 21. Juni – Johannisnacht bzw. Sommeranfang – geerntet sein!), waschen, anschließend mit einer Stricknadel rundherum einstechen, in eine Schüssel legen und mit kaltem Wasser bedecken. Am nächsten Tag das Wasser abschütten und die Nüsse wieder mit frischem Wasser auffüllen. Diesen Vorgang 6 Mal wiederholen. Danach die Nüsse in frischem Wasser kochen, bis sie weich sind (Garprobe mit Stricknadel). Sie verfärben sich dabei zunehmend dunkler. Den Zucker mit 250 ml Wasser zu Sirup kochen. Die abgetropften Nüsse mit den Gewürzen in ein großes Glas geben. Mit dem Sirup übergießen. Falls die Nüsse nicht völlig bedeckt sind, etwas vom Nusswasser dazugießen. Das Gefäß mit einem Tuch abdecken und 3 Tage stehen lassen. Den Sirup dann erneut aufkochen, wieder über die Nüsse gießen und nochmals 3 Tage stehen lassen. Anschließend den Sirup mit den Nüssen aufkochen und dann zurück ins Glas füllen. Das Glas gut verschließen und im Keller lagern. Die Nüsse frühestens nach 6 Monaten probieren. Sie bekommen mit der Zeit einen immer intensiveren Geschmack.

Die schwarzen Nüsse kann man als Beigabe zu Wildgerichten oder – wie wir – als Vorspeise oder als kleine Köstlichkeit zum Weingenuss mit Parmesan servieren. Der Nuss-Sirup – mit etwas Korn oder Wodka gemischt oder auch ohne Alkohol – schmeckt vorzüglich über ein Vanilleeis.

Kaiserschmarrn

80 g Mehl
⅛ l Milch
1 Prise Salz
40 g Butter
2-3 Eier

Das Mehl mit der Milch und einer Prise Salz verrühren. Die Eier mit dem Schneebesen hinzufügen und flink zu einem Teig verarbeiten. 15 Minuten ruhen lassen. Die Hälfte der Butter in der Pfanne erhitzen, den Teig hineinfließen lassen und bei mittlerer Hitze goldgelb backen. Vor dem Wenden die restliche Butter in die Pfanne geben, den Schmarrn mit zwei Gabeln in kleine Stücke reißen und fertig backen.

Das Rezept ist für zwei Personen. Es ist ratsam – bei Mehrbedarf – den Kaiserschmarrn warm zu stellen und den Vorgang für die nächsten zwei Portionen zu wiederholen.

Den Backofen auf 250°C vorheizen. Die Kastanien mit einem scharfen Messer einritzen, auf ein Blech legen und im Backofen etwa 15 Minuten backen, bis die Schalen aufplatzen. Das Blech herausnehmen und die Kastanien – noch heiß – schälen. Die Kastanien mit der Milch in einen Topf geben und etwa 30 Minuten – zugedeckt – köcheln lassen. Abgießen und durch ein Sieb passieren oder mit dem Pürierstab zerkleinern und den Orangenlikör beigeben. Die 3 Eiweiß zu steifem Schnee schlagen, nach und nach den Puderzucker und das Kastanienpüree untermischen. Die Gelatine in kaltem Wasser einweichen, tropfnass in ein Töpfchen geben, leicht erwärmen und auflösen. Gleichmäßig unter die Creme ziehen. Die Sahne steif schlagen und ebenfalls unterheben. Im Kühlschrank – abgedeckt – mindestens 2 Stunden kalt stellen.

Für den Obstsalat die Birnen waschen, vierteln, die Kerngehäuse entnehmen und in Würfel schneiden. Die Weintrauben waschen und halbieren. Die größeren Kerne mit einem spitzen Messer entfernen. Den Zitronensaft mit Vanillezucker süßen, mit den Früchten vermischen und einige Stunden durchziehen lassen. Vor dem Anrichten mit Puderzucker und den gehackten Walnüssen bestreuen.

Kastanientörtchen auf Obstsalat

300 g frische
Esskastanien
(ersatzweise Maroni
geschält u. gekocht
aus der Dose oder
vakuumverpackt)

¼ l Milch

4 cl Orangenlikör

4 Blatt weiße Gelatine

3 Eiweiß

150 g Puderzucker

300 g Sahne

Für den Obstsalat:

2 kleine, aromatische
Birnen

200 g gemischte
Weintrauben
(grüne und blaue)

1-2 TL Zitronensaft

1 EL Vanillezucker

2 EL Walnusskerne

149

700 g Kirschen (nicht entkernt)
150 g Mehl
3 Eier
200 ml Milch
1 Prise Salz
30 g Butter

Kirsch- bzw. Wildkirschauflauf

Das Mehl in eine Schüssel sieben und mit den Eiern und der Milch zu einem dickflüssigen Teig verquirlen. Eine Prise Salz dazugeben und gut 10 Minuten ruhen lassen. In einer Auflaufform die Butter leicht erwärmen und den Teig hineingeben. Mit den Kirschen bedecken und bei 175°C ca. 35 Minuten backen.

Bei entkernten Kirschen entfällt zwar die „mündliche Entkernungsgymnastik", aber die Frucht bleibt bei ganzen Kirschen zweifellos geschmacksintensiver und saftiger. Bei der Verarbeitung von Wildkirschen ist ein Entkernen – wegen der Kleinwüchsigkeit der Frucht – ohnehin nicht möglich.

151

Marillenknödel (aus Quarkteig)

16 Marillen
250 g Quark
160-180 g Mehl
1 Ei
1 Prise Salz
30 g weiche Butter

Das Mehl mit sämtlichen Zutaten in eine Rührschüssel geben und mit dem Knethaken auf niedriger Stufe zu einem Teig verarbeiten. Diesen zu einer Kugel formen, in Folie wickeln und 1 Stunde in den Kühlschrank legen. Die Marillen waschen und trocknen. Von dem Teig kleine Stücke abschneiden, auf dem bemehlten Nudelbrett ausrollen und um die Marillen wickeln. Mit der flachen Hand zu Knödeln formen und in kochendes, leicht gesalzenes Wasser legen. Ein Schuss Marillenschnaps in das Wasser geben und bei schwacher Hitze 15 Minuten ziehen lassen, bis die Knödel an die Oberfläche aufsteigen. Inzwischen die Semmelbrösel – wie im Rezept „Zwetschgenknödel" – vorbereiten und die Marillenknödel darin wälzen.

Den Quarkteig kann man auch am Vortag zubereiten und über Nacht im Kühlschrank lagern.

Marillenkuchen

1 kg Marillen

3 Eier

125 g Butter

125 g Zucker

1 Vanillezucker

200 g Mehl

2 TL Backpulver

2 EL Milch

Die Marillen waschen, entkernen und – je nach Größe – vierteln oder achteln. Das Backrohr auf 175 °C vorheizen. Die Butter schaumig rühren, nach und nach Zucker, Vanillezucker und Eier dazugeben. Das mit Backpulver vermischte Mehl – abwechselnd mit der Milch – gut mit der Masse verarbeiten, bis der Teig schwer reißend vom Rührquirl fällt. In eine gefettete Form füllen, mit den Marillen belegen und 25 bis 30 Minuten backen.

Vier Eigelb mit einem Teil der Zuckermenge schaumig schlagen. 1 Tasse Mehl, 3 TL Backpulver sowie den Mohn unterrühren. Die vier Eiweiß mit dem restlichen Zucker sehr steif schlagen und vorsichtig unter die Masse heben. Eine Springform ausbuttern, den Teig einfüllen und bei 180°C 35 bis 40 Minuten backen.

Am nächsten Tag bzw. einige Stunden später den Kuchen einmal quer durchschneiden. 3 Sahne mit Sahnesteif schlagen. Die Oberseite des Bodens zuerst ganz dünn mit Sahne, dann dick mit Preiselbeermarmelade und darauf wieder mit 2/3 der Sahne bestreichen. Den Deckel darauf setzen und wieder – auch am Rand – die restliche Sahne verteilen.
250 g Marzipanrohmasse mit etwas Puderzucker verkneten und mit 1 EL Weißwein tränken. Puderzucker auf das Backbrett streuen und die Marzipanmasse darauf ausrollen. Mit Hilfe eines Tortenrings einen Kreis ausstechen und den Kuchen damit „zudecken". Mit verschiedenen Farben der Zuckerschrifttuben mit Oster-Motiven – oder einem anderen Anlass entsprechend – verzieren.

Es gibt auch schon fertige Marzipanrollen zu kaufen. Diese wird im Papier aufgerollt und braucht nur noch rund ausgeschnitten werden. Durch den Marzipanmantel bleibt der Kuchen sehr lange saftig.

Marzipan-Mohn-Kuchen (Ostertorte)

4 Eier – getrennt –	250 g Marzipan-Rohmasse
1 Tasse Zucker	Preiselbeermarmelade
1 Tasse Mehl	1 Päckchen Zuckerschrifttuben
1 Tasse Mohn gemahlen	
3 TL Backpulver	
3 Becher Sahne	
3 Päckchen Sahnesteif	

Orangenterrine

250 g Mascarpone

200 g Joghurt

100 g Zucker

2 Päckchen Vanillinzucker

11 Blatt weiße Gelatine

7 Orangen

200 g Schlagsahne

Puderzucker

Mascarpone, Joghurt, Zucker und 1 Päckchen Vanillinzucker mischen. 6 Blatt Gelatine in kaltem Wasser einweichen. 1 Orange heiß abwaschen, etwas Schale mit dem Zestenschneider oder einem Messer abziehen. Saft aus dieser und noch einer Orange auspressen. Die restlichen Orangen schälen und filetieren. Dabei den Saft auffangen. Die Mascarpone-Creme mit wenig Orangenschale und etwa 50 ml Orangensaft verrühren. Gelatine ausdrücken, tropfnass – bei milder Hitze – auflösen. Sahne steif schlagen, Gelatine einrühren, Sahne unter die Creme rühren. Etwa die Hälfte der Creme in eine mit Klarsichtfolie ausgelegte Kastenform füllen und die Creme im Kühlschrank fest werden lassen. In der Zwischenzeit die weiteren 5 Gelatineblätter in kaltem Wasser einweichen. Den restlichen Orangensaft (ca. 250ml) mit Vanillinzucker verrühren, Gelatine ausdrücken und in etwas erwärmtem Orangensaft auflösen. Den übrigen Saft einrühren. Abkühlen lassen und die Orangenfilets einlegen. Diese Schicht auf die erstarrte Mascarponelage füllen, erneut im Kühlschrank fest werden lassen und als letzten Belag die übrige Mascarpone-Creme einfüllen und ebenfalls stocken lassen. Terrine stürzen und mit Melisseblättchen oder filetierten Orangen garnieren.

Rohrnudeln (Buchteln)

450 g Mehl

30 g Hefe

75 g Zucker

180 ml lauwarme Milch

3 Eigelb

6 Tropfen Zitronen-Backöl

1 Prise Salz

75 g Butter oder Margarine

In lauwarmer Milch die Hefe zerbröckeln und darin auflösen. Die Hefemilch mit Mehl, Zucker, Eigelb, Salz und dem Zitronen-Backöl verkneten. Die weiche Butter hinzufügen und einige Minuten weiterkneten, bis ein geschmeidiger Teig entsteht. Den Hefeteig zu einer Kugel formen und in einer Schüssel – zugedeckt – an einem warmen Ort 30 Minuten gehen lassen. Dann den Teig nochmals durchkneten und mit etwas Mehl eine dicke Rolle bilden. Diese in gleichmäßige Scheiben schneiden und zu Kugeln formen. Eine Bratrein oder Auflaufform gut mit Butter einfetten, die Teigkugeln hineinsetzen und nochmals – zugedeckt – an einem warmen Ort gehen lassen. Den Backofen auf 180°C vorheizen. Die Rohrnudeln vorsichtig mit flüssiger Butter bestreichen und im Ofen auf der untersten Schiene ca. 30 Minuten goldbraun backen. Die Form aus dem Ofen nehmen, die Buchteln darin etwas abkühlen lassen und mit Puderzucker bestäuben.

Der Teig kann auch mit dem Knethaken des Handquirls oder der Küchenmaschine zubereitet werden. Als Füllung von Rohrnudeln eignen sich – je nach Jahreszeit und Gusto – vorzüglich Zwetschgen, Kirschen, Äpfel oder aber auch Marmelade.

Sahnecreme mit in Riesling eingelegten Himbeeren

200 ml Sahne

150 ml Milch

1-2 EL Zucker

1 Vanilleschote

3 Blatt Gelatine

1 EL Himbeermarmelade

200 g Himbeeren gefroren

⅛ l Riesling

1 EL Puderzucker

Minze

Sahne, Milch, Zucker und das Mark einer Vanilleschote im Topf aufkochen, abseihen und etwas abkühlen lassen. Inzwischen die Gelatine im kalten Wasser einweichen, nach ca. 5 Minuten fest ausdrücken, in die Sahnemischung geben und bis zum Auflösen mit dem Schneebesen kräftig rühren. 1 EL Himbeermarmelade zufügen und die Creme in kleine Schälchen füllen. Diese drei bis vier Stunden in den Kühlschrank stellen. Die gefrorenen Himbeeren mit ⅛ l Riesling übergießen, etwas anwärmen und mit 1 EL Puderzucker süßen. Die Sahnecreme auf einen Teller stürzen und die eingelegten Himbeeren, verziert mit Minzblättern, dazugeben.

Wir haben vor der Zugabe von Marmelade einen Teil der Creme beiseite gestellt und als die Masse etwas fester wurde – wenn sie zu flüssig ist, fließt sie unter der Form heraus –, eine Hasen-Ausstechform auf den Teller gelegt und diese gefüllt. Nach ca. 2 Stunden im kalten Vorratskeller ist die Sahnecreme fest und man kann vorsichtig die Form entfernen.

Scheiterstoß

Die Semmeln in Scheiben schneiden. Die Eier mit der Milch verquirlen, eine Prise Salz dazugeben und über die Semmeln gießen. Sie müssen gut eingeweicht sein. Inzwischen die Äpfel schälen, vierteln und feinblättrig schneiden. Mit Zitronensaft beträufeln und mit Vanillezucker süßen. Eine Bratrein ausbuttern. Die eingeweichten Semmeln leicht durchkneten und abwechselnd mit den Äpfeln in die Rein schichten. Die Lagen mit dem Semmelteig beginnen und auch abschließen. Zum Schluss einige Butterflocken draufsetzen und bei 175°C 30 bis 40 Minuten backen.

Als Beilage passt jede Frucht, als Kompott verarbeitet.

8 alte Semmeln

¾ l Milch

3 Eier

1 Prise Salz

1 ½ Pfund Äpfel

Zitronensaft

2 Päckchen Vanillezucker

Butter

Schokopflasterl

250 g Butter

250 g Zucker

6 Eier

100 g Mehl

250 g Blockschokolade, gerieben

250 g Mandeln, gemahlen

3 Tropfen Bittermandelaroma

125 g Packung Kuchenglasur

Den Backofen auf 180° vorheizen. Die Butter mit dem Zucker und den Eiern schaumig rühren. Die Schokolade und die Mandeln dazugeben und das Mehl unterheben. Das Backblech mit Backpapier auslegen und die Teigmasse ca. 2 cm dick darauf verstreichen. Bei 180°C 30 Minuten backen. Inzwischen die Kuchenglasur nach Anweisung erwärmen, über den fertigen Kuchen streichen und noch vor dem Erkalten in kleine „Pflasterl" schneiden.

Schokotrüffel

60 g Butter

60 g Puderzucker

2 Eigelb

100 ml süße Sahne

2 EL Vanillezucker

300 g Halbbitterschokolade, geraspelt

4 EL Kakao

Butter mit dem Puderzucker schaumig rühren, dann das Eigelb einzeln unterschlagen. Die Sahne aufkochen und den Vanillezucker einrühren bis er sich auflöst. Die kochend heiße Sahne zur Buttermischung geben, die geraspelte Schokolade untermischen und die Masse für mindestens 2 Stunden in den Kühlschrank stellen. Mit dem Löffel nussgroße Stücke von der Schokoladenmasse abstechen und – am besten geht es mit den Händen – kleine Kugeln formen und diese in Kakaopulver wälzen. Kühl aufbewahren.

Rezeptvorschlag für ca. 40 Stück

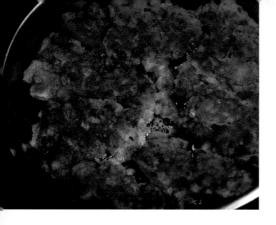

Semmelschmarrn

5 alte Semmeln
2 Eier
¼ l Milch
1 Prise Salz
3 EL Butterschmalz

Die Semmeln in Scheiben schneiden und in eine Schüssel legen. Die Milch mit den Eiern verquirlen und über das Semmelbrot gießen. Mindestens eine halbe Stunde einweichen lassen. Eine Prise Salz dazugeben und mittels leichtem Durchkneten mit der Hand einen Semmelteig herstellen. In einer Pfanne das Fett erhitzen und die Masse gleichmäßig darin verteilen. Bei mittlerer Hitze 3 bis 5 Minuten backen. Dann mit dem Küchenschaber in 8 Teile stechen, umdrehen und in weiteren 5 Minuten goldgelb ausbacken.

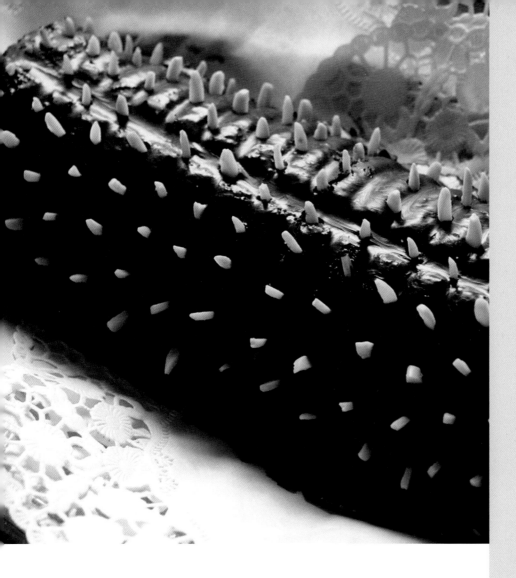

Süßer Rehrücken

120 g Butter

60 g Puderzucker

Abgeriebene Schale von je ½ unbehandelten Orange und Zitrone

1 TL Rum

6 Eier

100 g Zartbitterkuvertüre

150 g Mandeln, geschält und gemahlen

80 g Puderzucker

1 EL Vanillezucker

100 g Aprikosenmarmelade

50 g Zucker

1 Vanilleschote

1 TL Rum

50 g Mandelstifte

300 g Zartbitterkuvertüre

1 EL Butterschmalz

Das Backrohr auf 180°C vorheizen. 120 g weiche Butter schaumig rühren. Nach und nach 60 g Puderzucker, die abgeriebene Schale von der Orange und der Zitrone sowie 1 TL Rum unterrühren. 6 Eier trennen. 100 g Zartbitterkuvertüre grob zerkleinern und in einer Schüssel über einem heißen Wasserbad unter Rühren schmelzen lassen. Unter die Buttercreme rühren und das Eigelb nach und nach hinzufügen. In einer Pfanne die gemahlenen Mandeln ohne Fett rösten, bis sie zu duften beginnen, dann vollständig abkühlen lassen. In der Zwischenzeit das Eiweiß steif schlagen, dabei nach und nach 80 g Puderzucker und 2 EL Vanillezucker einrieseln lassen. Die Mandeln unter die Schokoladenmasse rühren und den Eischnee vorsichtig unterheben. Eine Rehrückenform – 25 cm Länge – mit einem EL Butter einfetten und mit 1 EL Mehl ausstäuben. Den Teig in die Form füllen, glatt streichen und im Ofen auf der mittleren Schiene 40 bis 50 Minuten backen. Den Kuchen herausnehmen, nach ca. 1 Minute aus der Form stürzen und auskühlen lassen. Den Rehrücken der Länge nach einmal durchschneiden und die obere Hälfte abheben. 100 g Aprikosenmarmelade mit 1 TL Rum glatt rühren und auf der Schnittfläche der unteren Hälfte verteilen. Den oberen Teil wieder aufsetzen. 300 g Zartbitterkuvertüre nach Anleitung schmelzen, 1 EL Butterschmalz unterrühren und den Rehrücken mehrmals mit dem Schokoguss überziehen. Ehe dieser fest wird, den Rücken mit Mandelstiften spicken.

Vanille-Creme auf passierten Himbeeren

250 g Himbeeren
3 EL Weißwein
1 EL Puderzucker

Die Himbeeren in einen Topf geben und mit dem Weißwein und dem Puderzucker erhitzen. Ca. 30 Minuten leicht köcheln lassen und anschließend durch ein Sieb passieren. (Wenn man die Beeren süßer mag, kann noch etwas Zucker dazugegeben werden).

Zutaten für die Vanillecreme:
4 Eigelb
60 g Zucker
250 ml Vollmilch
250 ml Schlagsahne
3 Blätter Gelatine, weiß
1 Vanilleschote

Die Gelatine in etwas kaltem Wasser einweichen. Milch, Zucker, Vanilleschote und das ausgekratzte Mark davon in einen Topf geben und unter Rühren aufkochen. Anschließend die Vanilleschote entfernen. Das Eigelb und die Vanillemilch in eine Schüssel geben und über dem Wasserbad cremig schlagen. Gelatine ausdrücken, unterrühren und die Masse abkühlen lassen. Die Sahne steif schlagen und unterheben. Mindestens zwei Stunden im Kühlschrank stocken lassen.
Zum Servieren das abgekühlte Himbeermus in Schälchen verteilen und mittels zweier Löffel oder einem Eisportionierer die Vanillecreme draufsetzen.

Zwetschgendatschi

Die Zwetschgen waschen und mit dem Entkerner vierteln. Das Mehl mit dem Backpulver in eine hohe Schüssel geben, die übrigen Zutaten darauf verteilen, zuletzt die in Flöckchen zerteilte, streichfähige Butter dazugeben. Alles mit dem Knethaken auf niedriger Schaltstufe einige Minuten verkneten und auf höchster Stufe kurz durcharbeiten. Den Teig 30 bis 40 Minuten kühl ruhen lassen. Das Backblech mit Butter einpinseln, den Teig dünn darauf ausrollen und reichlich mit Zwetschgen belegen. Bei 175 °C ca. 30 Minuten backen. Herausnehmen und vor dem Abkühlen mit Zucker und Zimt bestreuen. Mit Sahne (Schlagobers) servieren.

1 kg Zwetschgen
350 g Mehl
2 TL Backpulver
180 g Butter
150 g Zucker
2 Eier
Zucker
Zimt

Zwetschgenknödel (aus Kartoffelteig)

Die Kartoffeln dämpfen und abkühlen lassen. Dann durch die Presse drücken, auf ein Nudelbrett legen und mit dem Mehl, dem Ei und einer Prise Salz flink zu einem Teig verarbeiten. Diesen zu einer Rolle formen und ca. 16 Scheiben abschneiden. Etwas Mehl auf das Nudelbrett stäuben, die einzelnen Teigstücke ausrollen, die Zwetschgen damit umwickeln und mit der Hand zu kleinen Knödeln formen. In einem großen Topf das gesalzene Wasser aufkochen, die Knöderl hineingeben und bei schwacher Hitze ca. 10 Minuten ziehen lassen, bis sie an der Oberfläche schwimmen. Inzwischen in der Pfanne die Butter erhitzen und die Semmelbrösel darin – unter ständigem Rühren – anbräunen. Mit Zucker und Zimt süßen und die fertigen Zwetschgenknödel darin wälzen.

Es empfiehlt sich, die Kartoffeln schon am Vorabend zu kochen, weil sie dann zur Weiterverarbeitung gut ausgekühlt sind.

16 Zwetschgen

750 g Kartoffeln, mehlige

Salz

1 Ei

120-150 g Mehl

6 EL Semmelbrösel

2 EL Butter

Zwetschgen-pavesen

16 Scheiben altes Weißbrot

8 TL Zwetschgenmus (Powidl)

2 Eier

200 ml Milch

4 EL Butterschmalz

8 Weißbrotscheiben mit Zwetsch-genmus einstreichen und die an-deren draufsetzen. Die Milch und die verquirlten Eier jeweils in ei-nen Suppenteller geben. Zwei EL Butterschmalz in der Pfanne erhit-zen. Vier zusammengesetzte Brot-scheiben zuerst ganz kurz in Milch tauchen – dabei den Brotrand, der ja härter ist, extra rundherum dre-hen – und dann in dem verquirlten Ei wenden, leicht abtropfen lassen und im heißen Fett auf beiden Sei-ten goldbraun backen. Das restliche Butterschmalz in die Pfanne geben und mit den weiteren Broten eben-so verfahren.

Bayern

Böhmen

Österreich

Milch Knödl.

Schab ein Kalbsmilz auch Zwibel Butterschmal
nützlich geschnittenes Mark gib es in einen
Schüssling schlage 3. Dotter daran ein gutes bis die
Milch, salze einen Handvoll mische es durcheinander
einen ½ Stunde vor dem Anrichten einschlagen,

Gries Knödl.

Schab in einem Schüssling Grieb rösten nützlich
geschnittenen gesalzten Speck und Zwibel gut
abgießen es über ein Grieb salze seichen Eier daran
mische es gut durcheinander schlage ein in Salzwasser
ein, gib sie zu Kaiser Fleisch oder auch in die Suppe

Soldaten Knödl

Mache einen Teig zwar Mehl Milch und ¼ eine
einzige schwächer als Wassersalz Teig, gib nützlich
geschnittenen Semmel die in Butter und Butterschmal
gerößtet mit den Semmeln es salze sie schwerya ein
kochendes Salzwasser ein gieb sie dann in die Suppe
oder gieb sie zum Fleisch dann schmalz man sie mit
Zwibel ab,